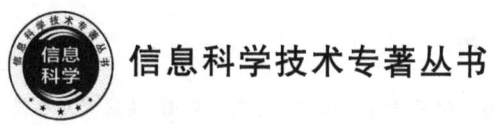 信息科学技术专著丛书

知识驱动的 Web 查询处理技术

王 芳 著

北京邮电大学出版社
www.buptpress.com

内 容 简 介

Web查询处理旨在辅助信息检索系统更好地理解用户的信息需求与查询意图,该研究对于提高检索性能和改善用户查询体验具有重要作用,目前已成为信息检索领域最关注的问题之一。

本书关注于如何利用知识辅助查询处理:第1章简要概述Web查询处理的功能、主要研究内容及研究现状;第2章介绍了基于概念知识的Web查询分类,提出基于概念的短文本表示和相似度计算方法;第3章介绍了基于概念知识的Web查询理解,重在利用分类学知识从细粒度上识别用户查询意图;第4章介绍了CQA问题查询的命名实体消歧,重在挖掘先验知识辅助实体消歧;第5章介绍了基于大规模实体网络的相关查询推荐,利用实体相关性辅助单实体查询推荐。

本书适用于从事互联网搜索、文本理解、自然语言处理等研究方向的科研和技术开发人员,以及对大数据、人工智能、搜索引擎等技术感兴趣的读者。

图书在版编目(CIP)数据

知识驱动的Web查询处理技术 / 王芳著. -- 北京:北京邮电大学出版社,2022.7(2024.9重印)

ISBN 978-7-5635-6666-2

Ⅰ.①知⋯ Ⅱ.①王⋯ Ⅲ.①数据检索-研究 Ⅳ.①G254.926

中国版本图书馆CIP数据核字(2022)第103821号

策划编辑:马晓仟		责任编辑:满志文		责任校对:张会良		封面设计:七星博纳	

出版发行:北京邮电大学出版社
社　　址:北京市海淀区西土城路10号
邮政编码:100876
发 行 部:电话:010-62282185　传真:010-62283578
E-mail:publish@bupt.edu.cn
经　　销:各地新华书店
印　　刷:保定市中画美凯印刷有限公司
开　　本:720 mm×1 000 mm　1/16
印　　张:8.5
字　　数:162千字
版　　次:2022年7月第1版
印　　次:2024年9月第2次印刷

ISBN 978-7-5635-6666-2　　　　　　　　　　　　　定　价:38.00元

・如有印装质量问题,请与北京邮电大学出版社发行部联系・

前　言

　　Web查询是指由用户提交给信息检索系统用以表达其检索需求的文本。常见的Web查询有搜索引擎中的关键字查询、社区问答系统（CQA）中的问题查询等。当前的信息检索系统主要采用基于关键字匹配的检索模式，导致Web查询通常较短，只由较少的词或短语（又称查询词项）组成，而且往往具有模糊性和歧义性。信息检索系统难以理解用户真正的查询意图，仅依赖于基于查询词项的关键词匹配技术难以达到理想的检索效果。Web查询处理旨在辅助信息检索系统更好地理解用户的信息需求与查询意图，该研究对于提高检索性能和改善用户查询体验具有重要作用，目前已成为信息检索领域最关注的问题之一。

　　近年来，随着大规模知识库的出现，如Wikipedia、Freebase、Probase等，越来越多的研究关注于如何利用知识辅助计算机理解用户查询需求。本书在已有工作的基础上，重点开展了基于知识库的查询分类、查询语义理解、查询实体消歧和查询推荐等方面的研究工作，具体包括以下四个方面。

　　（1）基于概念知识的查询分类技术

　　现有的查询分类方法多利用词袋模型表示查询文本，常常受到字面不匹配的困扰。针对词袋模型在查询短文本表示中存在的诸多不足之处，本书提出了一种基于概念的查询表示方式，并在此基础上提出了一种新的查询分类框架。首先，利用分类学知识库，为每一个预定义类别学习一个概念模型，用以表示每个类别典型的概念信息；其次，提出了一种改进的查询短文本概念化（Conceptualization）方法，将给定查询短文本映射到一组相关概念中；最后，基于相同的概念空间，提出了一种概念相似度计算方法，依此进行短文本分类。实验表明，该分类框架在查询分类任务中四个类别的平均准确率高达90.3%。同时利用概念信息，该框架在多样化排序中也取得了不错的效果。

　　（2）基于概念知识的查询语义理解技术

　　理解用户Web查询背后真正的搜索意图是信息检索领域研究极具挑战性的

热点问题之一。其中,查询意图分类已经被广泛研究。本书进一步从查询修饰词-中心词的角度来理解查询。例如,给定查询"popular iphone 5 smart cover",不同于使用粗粒度的意图类别(例如,电子产品),本书从细粒度查询意图识别的角度出发,旨在识别出"smart cover"是查询中心词,"iphone 5"是描述"smart cover"的修饰词,从而帮助搜索引擎更精准地查找意图相关的产品信息,即手机壳。该功能可以帮助搜索引擎精准获取相关搜索结果,同时对于广告匹配、查询推荐等应用也具有重要意义。本书提出了一种无监督修饰词-中心词检测方法。首先,从搜索日志中挖掘大量的实体层级的修饰词-中心词对。其次,设计了一个实体概念化方法,将实体层级的修饰词-中心词对泛化到概念级。再次,通过出现频次加权得到简洁、准确的修饰词-中心词概念模式,该过程旨在提升修饰词-中心词识别的泛化能力。最后,本书通过实验验证了所提方法的有效性。

(3) 基于百科知识的查询命名实体消歧技术

命名实体消歧(Named-Entity-Disambiguation,NED)旨在将文本中具有多个含义的实体指称链接到知识库中具有明确含义的唯一实体。该技术在信息抽取、信息检索、机器翻译等领域有着重要的应用价值。当前研究工作较多地关注于长文本实体消歧,有关社区问答中问题查询的命名实体消歧研究较少。对问题查询进行命名实体消歧不仅有利于社区问答中的知识挖掘,还对问题检索、问题推荐以及问题路由等社区问答系统中的典型应用有帮助。其挑战性主要在于问题中的上下文信息较少、缺乏标注数据以及社区问答用户用语和知识库中的实体描述用语之间存在较大差异。为解决上述问题,本书提出了一种基于话题模型的问题命名实体消歧方法。具体而言,从知识库和社区问答元数据中挖掘问题与类别之间、实体与类别之间以及词项与实体之间存在的三方面先验知识,并将这些先验知识作为Dirichlet先验的超参数融入模型训练中,对问题生成过程进行弱监督。通过这种方式,所提方法无须人工标注就能够充分利用知识库和社区问答系统中的信息来丰富问题短文本,并在社区问答系统和知识库两种用语之间建立联系。

(4) 基于大规模实体网络的查询推荐技术

Web查询中经常会出现命名实体。本书将仅由一个实体构成的查询称为实体查询。实体查询作为Web查询的一个重要组成部分,在产品搜索、图片搜索等垂直搜索引擎中很常见。由于实体查询的长度很短,准确捕捉用户的查询意图非常困难。面向实体查询的相关实体推荐,旨在向用户推荐与原查询实体在不同方面或话题下相关的用户感兴趣的不同实体,对于引导用户查询意图、启发用户点击兴趣具有重要作用。已有的查询推荐技术研究大多以查询日志和查询相似文档为数据源,采用基于查询词项和点击的方法获取相关查询,较多地关注推荐内容的相关性,而对于引导和启发用户的点击兴趣方面研究较少。此外,对于实体查询而言,从这些数据源中获取与原实体查询相关的实体非常困难。本书聚焦于相关实体推荐,利用网络中海量的实体描述页面提取大量相关实体,以此作为新的推荐数据源进行相关实体推荐。在相关实体提取过程中,本书利用实体之间的描述与被描述关系构建了一个大规模的相关实体网络。基于此相关实体网络,本书采用多种相关度计算方法对相关实体排序,比如基于共近邻实体和共近邻概念的语义相似度以及基于图结构的链接分析技术,以此用作相关实体推荐。实验表明,本书所构建的相关实体网络能够提供高质量的相关实体,基于大规模相关实体网络的相关实体推荐方法在准确率和新颖性方面均取得了不错的推荐效果。

以上四个方面的研究工作由知识驱动,分别针对普通的搜索查询(1)和(2)、长度略长的问题查询(3)和长度很短的实体查询(4)开展研究,重点阐述了如何利用知识辅助查询处理。自2011年起,作者在北京航空航天大学攻读博士学位,研究方向包括数据挖掘和自然语言处理;2012年至2015年先后在微软亚洲研究院数据库组、机器学习组和自然语言处理组全职实习,从事该领域的算法研究和技术开发;自2017年入职北京石油化工学院以来继续该方向的研究工作。在此衷心感谢一路走来的所有同窗、老师、朋友和同事!本书也参阅了大量的国内外资料,未能一一列出,借此向这些著作和文献资料的作者表示衷心的感谢!

本书还得到了2019年北京市委组织部青年骨干个人项目(2018000020124G089)、2020年北京市教委科技计划一般项目(KM202010017011)、2021年北京市石油化工学院校级教育教学改革与研究重点项目(ZDFSGG202103001、ZDKCSZ202103002、ZD202103001)、北京市科学技术协会2021—2023年度青年人才托举工程项目以及北京石油化工学院交叉科研探索项目(BIPTCSF-006)的资助,在此一并感谢。

最后,感谢北京邮电大学出版社给予的大力支持。

尽管作者在本书撰写过程中耗费了很多精力,但由于水平有限,不足之处在所难免,恳请广大读者批评指正。

王 芳

2022年1月

目 录

第1章 Web查询处理概述 ·· 1
1.1 搜索引擎工作原理 ·· 2
1.2 Web查询处理简介 ·· 4
1.3 相关研究现状 ··· 7
1.3.1 查询分类 ·· 7
1.3.2 查询意图理解 ··· 9
1.3.3 查询消歧 ·· 11
1.3.4 查询推荐 ·· 14
本章小结 ··· 15
本章参考文献 ·· 15

第2章 基于概念知识的Web查询分类 ································· 22
2.1 研究背景 ··· 22
2.2 相关工作 ··· 23
2.2.1 短文本分类 ··· 24
2.2.2 查询推荐 ·· 24
2.3 预备知识 ··· 25
2.4 基于概念的短文本分类框架 ··· 26
2.4.1 类别概念模型 ··· 27
2.4.2 短文本概念化 ··· 28
2.4.3 分类与排序 ··· 30
2.5 面向MSN新闻频道的查询分类 ······································ 31
2.5.1 新闻频道的概念表示 ··· 31
2.5.2 查询概念化 ··· 33
2.5.3 查询多样化排序 ·· 33

2.6 实验 ………………………………………………………… 34
  2.6.1 实验数据 …………………………………………… 35
  2.6.2 查询分类效果 ……………………………………… 36
  2.6.3 多样化推荐效果 …………………………………… 39
本章小结 ……………………………………………………… 42
本章参考文献 ………………………………………………… 43

第3章 基于概念知识的 Web 查询理解 …………………… 46
3.1 介绍 ………………………………………………………… 46
3.2 总体框架 …………………………………………………… 50
  3.2.1 框架 …………………………………………………… 50
  3.2.2 大规模分类学知识库 ……………………………… 51
3.3 意图停用词表 ……………………………………………… 52
3.4 概念模式挖掘 ……………………………………………… 53
  3.4.1 实体修饰关系 ……………………………………… 54
  3.4.2 概念修饰关系 ……………………………………… 55
3.5 语义角色标注 ……………………………………………… 58
  3.5.1 实体识别 …………………………………………… 58
  3.5.2 双实体查询标注 …………………………………… 58
  3.5.3 多实体查询标注 …………………………………… 59
  3.5.4 语义冲突 …………………………………………… 60
3.6 实验 ………………………………………………………… 61
  3.6.1 挖掘意图停用词 …………………………………… 62
  3.6.2 挖掘实体修饰关系 ………………………………… 63
  3.6.3 概念模式知识库 …………………………………… 64
  3.6.4 语义标注效果 ……………………………………… 66
  3.6.5 与其他方法的比较 ………………………………… 68
  3.6.6 评分函数和参数的影响 …………………………… 71
  3.6.7 广告匹配应用效果 ………………………………… 73
3.7 相关工作 …………………………………………………… 74
本章小结 ……………………………………………………… 75
本章参考文献 ………………………………………………… 75

第4章 CQA问题查询的命名实体消歧 …… 79

- 4.1 研究背景 …… 79
- 4.2 相关工作 …… 81
  - 4.2.1 正规文本的实体消歧 …… 81
  - 4.2.2 短文本实体消歧 …… 81
  - 4.2.3 基于话题模型的消歧方法 …… 82
- 4.3 问题定义 …… 82
- 4.4 问题查询的命名实体消歧 …… 84
  - 4.4.1 实体指称识别 …… 85
  - 4.4.2 实体消歧模型 …… 86
  - 4.4.3 估计先验分布 …… 89
  - 4.4.4 模型求解 …… 90
- 4.5 实验 …… 93
  - 4.5.1 实验设置 …… 93
  - 4.5.2 参数调整 …… 96
  - 4.5.3 评测结果 …… 96
  - 4.5.4 讨论 …… 98
- 本章小结 …… 100
- 本章参考文献 …… 100

第5章 基于大规模实体网络的相关实体查询推荐 …… 104

- 5.1 研究背景 …… 104
- 5.2 相关工作 …… 107
  - 5.2.1 开放域的信息抽取 …… 107
  - 5.2.2 实体排序 …… 108
  - 5.2.3 查询推荐 …… 108
- 5.3 相关实体网络 …… 109
  - 5.3.1 构建相关实体网络 …… 109
  - 5.3.2 相关实体网络概况 …… 110
  - 5.3.3 实体相关度排序 …… 111
- 5.4 面向实体查询的推荐 …… 113

  5.4.1 实验数据………………………………………………… 114
  5.4.2 相关实体质量分析……………………………………… 114
  5.4.3 排序方法评测…………………………………………… 115
  5.4.4 相关实体排序准确率…………………………………… 117
  5.4.5 相关实体推荐新颖性…………………………………… 118
本章小结……………………………………………………………… 120
本章参考文献………………………………………………………… 120

第 1 章

Web 查询处理概述

近年来,随着计算机技术的发展和互联网的普及,Web 上的资源以指数级迅速增长。根据中国互联网中心第 48 次《中国互联网络发展状况统计报告》,截至 2021 年 6 月,我国网民规模达 10.11 亿,较 2020 年 12 月增长 2 175 万,互联网普及率达 71.6%。十亿用户接入互联网,形成了全球最为庞大、生机勃勃的数字社会。超过 10 类互联网应用的用户规模在 5 亿以上,人均每周上网时长达到 26.9 个小时,互联网应用塑造了全新的生活方式和社会形态。互联网中蕴含着海量的数据资源,除海量网页以外,还有许多其他种类丰富的资源,包括图片、视频、用户自生内容(博客、微博、评论等)、开放链接数据和大规模知识库等。互联网日益成为人们学习、工作、生活的新空间,日益成为人们获取信息与公共服务的新平台。从互联网海量信息中准确快速地获取需要的信息成为是人们的客观需求。在此背景下,基于信息检索技术的搜索引擎应运而生,旨在帮助用户快速查找所需要的信息。

自 20 世纪 90 年代互联网搜索引擎出现以来,互联网搜索已经成为人们日常生活必不可少的一部分。特别是进入移动互联网时代。越来越多的人通过手机、平板电脑等移动设备接入互联网。搜索引擎正向精准化、智能化、个性化的方向发展。不断变化升级的计算机端搜索和移动搜索的背后,实际上是用户需求和市场格局的变迁。例如,随着人们更多地使用手机等移动设备上网,使用移动搜索引擎占用的也大都是零碎的时间,比如地铁上、客厅里、工作间隙等。在碎片化的时间里,用户需求指向更明确,他们没有耐心去一页页翻找信息,也很难忍受长篇大论,这就要求搜索引擎要更快更精准地给出用户所需要的信息。

1.1 搜索引擎工作原理

经典的商业网络搜索引擎,比如由百度、谷歌、Bing(必应)等,为提供全网搜索服务,需要处理数十亿甚至数万亿的网络文档,并且文档数量一直在持续更新,需要 PB 级的数据存储空间,并确保通过数十亿用户查询来满足搜索引擎用户的需求。一般来说,搜索引擎需要准确地了解搜索查询,然后根据用户输入的查询有效从海量文档中找到相关结果并对结果进行排序,最终将排序后的结果呈现给用户。如图 1-1 所示①,上述检索过程包含线上和线下两部分。

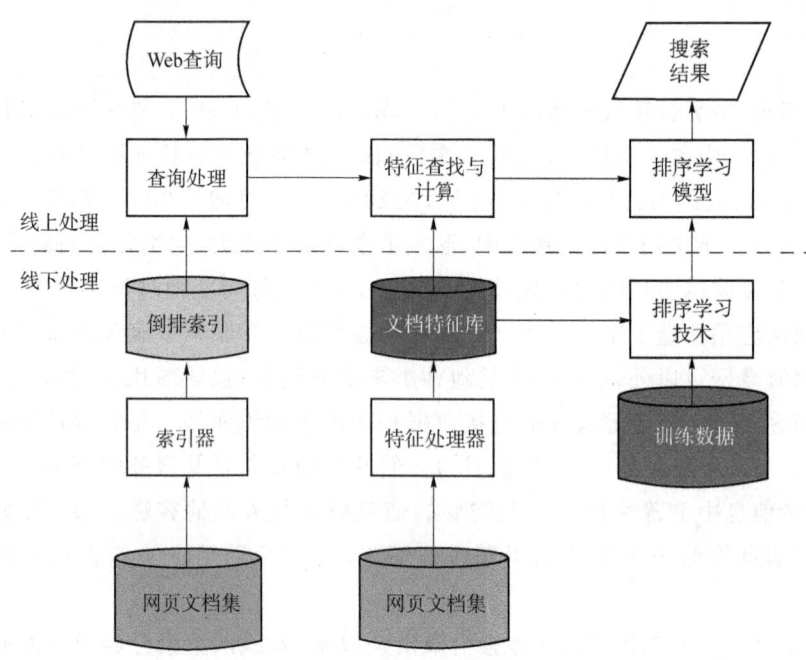

图 1-1 搜索引擎工作基本原理示意图

(1) 线下部分:主要完成网页文档信息采集、信息索引和为实时信息检索做准备。

1) 网页数据采集

互联网上的信息存储在无数个服务器上,任何搜索引擎想要满足用户的搜索需求,首先需要把网页存在自己本地的服务器上,这靠的就是网络爬虫。网络爬虫

---

① 本章此处仅对搜索引擎工作原理进行基本介绍,不展开技术细节说明。

第 1 章　Web 查询处理概述

不停地向各种网站发送网页请求,将所得到的网页存储到搜索引擎服务器,构成网页文档集。

2) 建立倒排索引

面对海量文档集,如何根据用户查询找到相关的网页文档,是搜索引擎要解决的第一个问题,这靠的就是倒排索引。倒排索引类似字典,是一张单词索引表,它记录了单词在多少文档中出现、分别是哪些文档、每个文档出现了多少次、分别出现在什么位置等信息。这样在检索文档中,只需将用户查询分词,根据查询词检索对应出现的文档,就可以很快捷地找到与搜索查询相关的网页文档。

3) 文档特征处理

文档处理在建立索引和结果排序模型训练中具有重要意义。由于网络上的文档类型多种多样,针对每一种格式的文档都要有一个对应的解析器,用于提取有用内容,解析出干净的文档文本后,还需要用到自然语言处理技术对文档进行处理,例如英文文档的分词、词干提取、词性识别、创建 n-gram 模型等。经过处理后的文档,需要进一步进行特征提取,用于训练搜索结果排序模型。常见的文档特征包括表征网页链接关系的 PageRank 值、表征词在文档中的重要性指标 TFIDF、编辑距离等。

4) 排序学习

对搜索结果进行排序,其目标是设计并应用一种方法来自动地从训练数据学习训练出一个函数,这个函数的功能是可以依据在某个特定的应用中定义的相关性、用户偏爱或在特定应用领域中的重要性来将对象(如文件、网页等)进行排序。这一训练学习过程称为排序学习,是信息检索和机器学习领域研究的热点问题。给定训练数据,设计学习模型,从而为线上实时对搜索结果进行排序做准备。

(2) 线上部分:主要负责实时对用户查询进行处理、特征查找与计算以及结果排序。

1) 查询处理

当收到用户的搜索查询时,搜索引擎需要根据查询中的词项,选择要返回给用户的文档。在严格的解释中,查询将精确定义检索文档必须/不必须包含的词。但实际上,用户的搜索查询往往存在语法和拼写等错误,甚至用户自己难以用准确的查询词表达其查询意图。为此需要先对查询进行处理,从而更好地进行信息检索和结果排序。

2) 特征查找与计算

此步骤类似上述离线部分的第 3) 步。将用户搜索查询看成一个短文本,为进行结果排序,需要对其进行预处理和特征提取。

3) 结果排序

此步骤在 Web 查询和相关文档特征提取的基础上，利用离线阶段训练好的排序学习模型，对检索到的相关文档进行排序，排序后按顺序将搜索结果返回给搜索用户。

1.2 Web 查询处理简介

由上述搜索引擎基本原理可知，当前的信息检索系统主要采用关键字匹配的检索模式。用户通过查询接口向信息检索系统提交一段文本作为查询，信息检索系统则根据用户查询给出检索结果。Web 查询通常是一些短文本片段，这些查询具有自然语言的特点，但相比自然语言，其表达方式更为随意，主要特点表现在以下三个方面。

(1) 查询的长度通常较短，只由较少的词或短语（通常称为查询词项）组成，根据哈尔滨工业大学自然语言处理实验室基于搜狗查询日志的分析，中文查询的平均长度为 3.4 个词，根据 Silverstein 等人的调查，英文查询的平均长度为 2.3 个词。

(2) 查询词项多为表示具体意义的实词。根据文献[2]中对英文查询日志的调查，70% 的查询中包含命名实体，表明了用户经常采用命名实体作为检索的查询词项。查询实体之间常常缺少衔接的虚词和一些表示语法关系的上下文词汇，例如用户想要查询"iPhone 6"的保护套，通常会搜索"cover iphone 6"。

(3) 查询往往具有模糊性和歧义性。例如查询"apple ipad"中的"apple"是一个具有歧义的词项，可以指代电子产品品牌也可以指代一种水果。如果搜索引擎不能正确识别该查询的语义，很可能错误地返回有关水果的检索结果。

Web 查询处理是搜索引擎进行信息检索的第一步，也是用户和搜索引擎进行交互的关键步骤。有效处理查询，对于提高搜索引擎信息检索准确性、提升用户搜索体验具有重要意义。同时也与当前搜索引擎的发展紧密相关，主要体现在以下两个方面。

(1) 向用户提供准确的查询信息一直是搜索引擎的研究热点。由于查询的以上特点，当前基于关键字匹配模式的搜索引擎无法达到满意的查询效果。例如，当用户输入查询"angry bird iphone"时，错误地返回大量有关"iphone"甚至是"bird"的结果将大大降低用户查询体验。理解查询短文本背后用户真正的信息需求，有助于搜索引擎为用户提供准确的检索结果。此外，搜索引擎中存储着越来越多的结构化和半结构化的数据，在这些结构化数据资源上进行的检索能够得到更直接和准确的结果。例如，如果搜索引擎的后台数据库中存储了电影放映信息数据，当

第1章 Web查询处理概述

用户查询"功夫熊猫上映时间"时,搜索引擎能够直接将上映时间信息准确地提供给用户。这种基于结构化数据的信息检索在很大程度上依赖于搜索引擎对用户查询的正确理解与分析。例如,需要对查询意图类别加以识别,进而判断查询是否可以通过结构化数据资源回答。此外,还需要分析查询的检索模式,以便和后台的结构化数据相匹配。

(2) 从提供信息到提供服务的转变是当前搜索引擎的一个发展趋势。在基于服务平台的搜索引擎中,用户希望通过搜索引擎不仅能够从互联网上获得网页信息,还能够直接得到所需的服务。从搜索引擎的角度上,也希望可以提供给用户更广泛的互联网入口。当前的搜索引擎致力于成为提供互联网上信息、资源(如音频、视频、图像等)以及交互应用(如地图、购物、本地生活服务、新闻、社交等)的服务平台。这种基于服务平台的搜索引擎,迫切需要准确理解用户的查询需求,向用户提供更加个性化、场景化的精准信息搜索服务。例如,需要对用户查询的检索范围进行限定,明确用户所需的服务类型。举例来说,对于查询"长津湖下载"和"长津湖放上映时间",需要识别出用户查询的不同需求,如电影下载和上映时间查询,使得搜索引擎能够准确地将该查询分配给相应的应用或内容资源提供商进行处理,从而返回满足用户需求的信息服务。

总而言之,Web查询处理技术研究对于提高信息检索性能和改善用户检索体验具有重要作用。图1-2所示为Web查询处理示意图。常见的查询处理包括查询自动补全、查询分类、查询语义理解、查询修正与查询重写、查询推荐等。

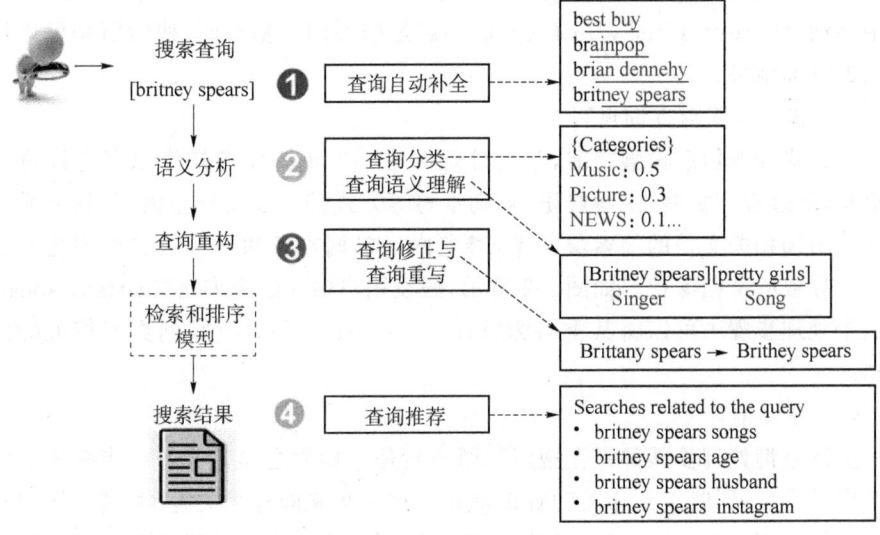

图1-2 Web查询处理示意图

(1) 查询自动补全

查询自动补全是指当用户输入查询词时,根据用户当前输入的查询给出完整的查询推荐,并显示在搜索框适当位置作为搜索提示。如图 1-2 所示,用户想要查询"britney spears",从用户输入"b"到"brit"时,搜索引擎根据用户输入的字母,给出最相关的完成查询提示。一方面查询补全可以帮助用户减少键盘输入,增加用户体验;另一方面当用户也不明确自己想要查询什么的时候,通过查询补全可以给出相关热门搜索推荐,帮助用户明确查询意图。

(2) 查询分类

当用户输入 Web 查询点击搜索按钮后,查询处理的主要任务就是语义分析,旨在准确理解用户查询背后的搜索意图。查询分类是语义分析的经典任务之一,目标是将用户提交的搜索查询自动分类到预先设定的类别。如图 1-2 所示,给定查询"britney spears pretty girls",可以将其分类到音乐、图片和新闻等类别,属于各类别的概率分别是 50%、30%和 10%等。查询分类有助于在搜索引擎根据类别对搜索结果排序,从而给出更好的排序结果,提升用户体验和搜索点击率。

(3) 查询语义理解

查询语义理解旨在理解查询中蕴含的语义信息,相对于查询分类任务所识别的查询类别信息,语义理解所得到的语义信息更加细化。如图 1-2 所示,给定查询"britney spears pretty girls",语义理解可以识别出"britney spears"是一名歌手,"pretty girls"是一首歌曲。这对于搜索结果排序具有更精确的指导意义。甚至可以进一步推断用户想要查询的是"britney spears"演唱的"pretty girls"这首歌,查询中心词是"pretty girls","britney spears"是修饰词。基于此,搜索引擎可以给出精确的查询结果。

(4) 查询修正与查询重写

在正式开始信息检索之前,查询处理的另一项重要任务是将原有查询进行改造重写,通过查询扩展、拼写修正、查询重写等方式进一步完善查询,其目的是最大限度地增加相关文档的检索覆盖率,避免由于单词本身和文档正文单词之间的字面差别导致的文档漏检。如图 1-2 所示,假设用户输入的查询是"brittany spears",在这个处理步骤中可以将其重写为"britney spears",用以查找到更多相关的网页文档。

(5) 查询推荐

上述查询处理步骤都是在搜索引擎进行信息检索之前完成的。当搜索引擎给出排序结果后,同时给出相关的查询推荐。这一步骤同样很关键,尤其当用户对本次搜索结果不甚满意的时候,相关查询推荐,对于进一步引导用于明确查询需求至关重要。此外,查询推荐可以激发用户的查询需求,特别是个性化查询推荐,可以

第 1 章　Web 查询处理概述

在建模用户兴趣的基础上，推荐用户感兴趣的相关查询，增加用户体验，让用户"搜"罢不能。如图 1-2 所示，用户当前查询为"briteny spears"，查询推荐包括"briteny spears"的歌曲、"briteny spears"的年龄、"briteny spears"的丈夫及其 instagram 社交账号等。

本书所述的 Web 查询处理关键技术，聚焦于对查询的语义分析，主要包括查询分类、查询意图理解、查询实体消歧、查询推荐和关键词提取等内容，不涉及查询处理中的基础技术问题，例如分词、词干提取、词形还原以及拼写修正和查询补全等。

◆ 1.3　相关研究现状 ◆

查询处理相关技术已经成为信息检索领域最关注的问题之一，已有大量相关研究工作。本节针对所研究的主要内容，简要介绍查询分类、查询意图理解、查询消歧和查询推荐四方面的相关研究工作，与本书内容相关的更具体的研究工作将分别在行文中给出介绍。

1.3.1　查询分类

Web 查询分类不仅可用于限定用户查询的检索范围，明确用户的搜索意图，对于提高搜索引擎的搜索质量也具有重要的意义。近年来，查询分类已经成为信息检索领域的一个研究热点。本节首先介绍查询常用的类别设置，随后详细介绍已有的分类方法。

（1）类别设置

目前，查询分类并没有统一的分类体系。Broder 等人[1]通过分析查询日志并对用户进行调查，将查询意图分为导航类、信息类和事务类。

① 导航类：该类查询的意图是想找到某一特定的网站，例如"新浪博客首页""百度""网易 NBA"等。

② 信息类：该类查询的意图是想找到一些存在互联网上的静态的信息，例如"汽车""人民的名义"等。

③ 事务类：该类查询的意图是寻找一些能够进一步交互的网站，比如说"iPhone 网购""QQ 去广告版""人民的名义在线观看"等。

Daniel 等人[2]在 Broder 的研究基础上，进一步细化了查询意图类别。他们的分类体系中包含导航类、信息类和资源类，其中导航类包含 5 个子类、资源类包含 4 个子类。

按 Web 查询所涉及的主题进行分类,也是近年来比较受人关注的查询分类研究热点。与查询意图分类不同,查询主题分类的目标并不是判断用户查询的意图类型,而是判断 Web 查询属于哪个主题类别,如娱乐、体育、财经等。查询主题分类也有助于提高搜索引擎的查准率、改善用户体验。比如,明确查询所属类别后,返回与查询同类别的检索结果将有助于提高搜索准确率。再比如,针对歧义查询,明确其所涉及的主题类别,分门别类地显示检索结果,有助于改善用户体验。

(2) 分类方法

Web 查询可以视为一种特殊的短文本,针对短文本分类的常用方法是:通过利用外部资源(如搜索引擎、WordNet、Wikipedia 等)获取更多与查询有关的文本信息,对其进行扩展[3-9];然后,再利用传统的长文本分类技术(如 SVM[34]、决策树等)实现短文本分类。

针对查询分类问题,Beitzel 等人[10]提出将三种分类器(完全匹配、感知机分类器、基于查询日志的类别偏好分类器)相结合的方法来提高 Web 查询分类的效果。在 2005 年 ACM KDD 举办的关于 Web 查询分类比赛中,香港科技大学的 Shen 等人[1,11]所提出的方法获得了分类精度、F1 值和算法创新性等三项评测指标的第一名。该方法利用了搜索引擎提供的相关页面信息,包括标题、摘要和网页类别等。在文献[4]中,Shen 等人又提出了一种通过构造中间过渡分类器的方法,线下训练各类别的分类器,对待分类的 Web 查询通过搜索引擎扩展得到它属于这中间分类体系各个类别的概率。Broder 等人[1]提出了一种无须借助中间过渡分类体系的 Web 查询分类算法。首先将所有在搜索引擎中检索到的网页按分类体系进行分类,然后将待分类的 Web 查询递交给搜索引擎,对搜索引擎返回的网页在各个类别中进行加权评分,用以判断 Web 查询的所属分类。以上提到的方法有个共同的特点,那就是都利用了搜索引擎来扩展 Web 查询信息。

Li 等人[12]提出了一种完全不同的方法。他们利用了用户在使用搜索引擎时的点击信息,根据用户点击的网页判断 Web 查询之间的相似度,将少量的人工标记好的 Web 查询的类别信息扩展到事先未标记的 Web 查询。类似地,Kim 等人[13]基于海量的查询日志信息,采用半监督的学习方式实现规模化的查询分类。Cao 等人[14]在利用用户点击日志信息的基础上提出了进一步利用用户相邻查询的信息,采用条件随机场(Conditional Random Field, CRF)对 Web 查询的上下文进行建模,其中上下文信息既包括相邻的查询,也包括输入相邻查询后用户点击的页面信息。Hu 等人[15]则提出了利用 Wikipedia 挖掘查询意图的方法。该方法提出利用随机游走算法从维基百科文章结构中挖掘意图类别,为每一篇文章和类别标签分配一个意图概率。将给定查询提交到 Wikipedia 搜索页面,利用返回的相关文章及其所属意图判别该查询的意图类别。Yan等人[16]采用深度学习技术,将领域知识融入语言模型,用户查询分类任务,取得了不错的效果。

通过以上分析可见,现有国内外对于查询分类的研究,较多地借鉴短文本分类技术,着重丰富和扩展查询相关信息方面的研究。但无论是基于搜索引擎的查询相关网页扩展,还是基于百科资源的相近查询词项扩展,都会带来在线计算上面不少的开销。而基于查询日志的方法对于新的没有出现过的查询处理能力较弱,甚至对于某些应用来说,查询日志并不可得。此外,当前研究在查询文本表示方面仍沿用词袋模型(Bag-of-Words)。由于Web查询具有长度短、有噪声、带歧义等特点,基于词袋模型的查询表示方式在计算文本相似度方面表现欠佳。

1.3.2 查询意图理解

搜索引擎旨在帮助用户从海量网络资源中找到想要的信息。理解用户查询背后的搜索意图,是实现该目标至关重要的一个环节,至今仍然是一项极具挑战的研究热点。查询意图本身就存在不确定性,所谓意图就是用户潜在的、真正的信息需要,而不只是用户输入的查询字面所表达的信息。目前为止,有关查询意图理解的任务主要分为三类:查询意图分类、查询语义标注和查询意图挖掘。

(1) 查询意图分类

查询意图分类,作为一种分类任务,需要事先预定义分类类别。区别于传统的查询分类,查询意图分类更偏重对用户查询意图的在信息分类上的理解,即用户要找的信息内容属于哪一类,而不是用户输入的查询文本属于哪一类。Broder[1]等人最早定义了一个较为公认的Web搜索意图分类体系,其将用户查询目标分为导航类、信息类和事务类。例如,当用户搜索查询"amazon"时,他可能试图查找特定的网址亚马逊(http://www.amazon.com),而提交"冬奥会历史"的用户最有可能对找到该主题的信息感兴趣,但并不关心特定的网站。

早期的查询意图分类方法采用人工分类的方式建立意图分类体系,通过人工构建标注数据集,采用传统的机器学习的分类方法实现意图分类,经典的分类方法有线性回归[17,18]、支持向量机[19]、决策树[20]等。Hu等人[21]提出采用条件随机场的方式预测商业搜索查询意图。随着深度学习技术的广泛使用,基于深度学习技术的查询意图分类逐渐成为主流。Xu等人[22]提出了一种基于RNN的混合深度学习模型。Shalin等人[23]利用迁移学习设计多任务学习模型联合完成查询意图和命名实体识别任务。

(2) 查询语义标注

查询语义标注的主要任务是在词级别上预定义语义标签,从语义标签中选择合适的标签对查询进行标注。相对于意图分类,语义标注是一种在词级别上更细粒度的语义理解。图 1-3 所示为一个来自文献[24]的语义标注样例。图中显示各查询词性的意图标注，该查询的总体查询意图属于产品类。

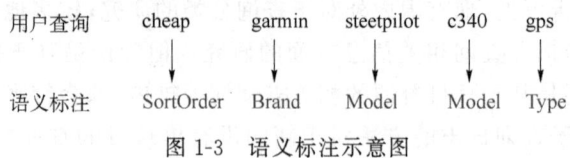

图 1-3 语义标注示意图

查询语义标注所识别的语义标签，一方面可以帮助搜索引擎对查询进行扩展，检索到更多与查询相关的搜索结果，扩大检索覆盖率。另一方面，可以辅助更精准的信息检索。例如，许多专用搜索引擎直接从关系数据库中创建索引，其中文档包含很多结构化的标签信息，比如"品牌＝garmin"。因此，可以使用查询语义标签更准确地匹配到相关文档。接下来从粗粒度上讨论基于命名实体识别的语义标注方法，以及从细粒度讨论基于语法分析的标注方法。

1) 命名实体识别

据统计[25]，71%的搜索查询中包含命名实体。实体是具有明确含义的事/物，在查询中扮演重要角色，常常作为查询修饰词或者中心词出现。鉴于其重要性和高出现频次，识别查询中的命名实体，即命名实体识别，对于辅助 Web 搜索具有重要意义。Guo 等人[25]的研究发现仅有约 1%的搜索查询包含 1 个以上实体，大部门用户查询仅包含 1 个实体。因此，一个命名实体查询可以理解为由两部分构成：实体和上下文。例如"harry porter walkthrough"包含一个实体"harry porter"和上下文"walkthrough"，并且上下文"walkthrough"指明了实体"harry porter"应该标注为"game"。这说明查询中的命名实体存在歧义性，上下文可以帮助消除歧义。

传统的命名实体识别方法[26]，利用有监督的学习方法，基于人工整理的消歧特征，在正规长文本中取得了较好的识别效果。但传统的方法无法直接应用于搜索查询文本，这是因为搜索查询长度通常较短，且不符合语法规范，甚至有拼写错误等问题。需要针对查询特点，设计命名实体识别方法。例如，Guo 等人[27]提出了一种利用查询日志数据和 LDA 话题模型的方法。该方法将命名实体的上下文（即，删除命名实体后的查询剩余部分）视为文档的单词，将命名实体的类视为主题。基于 WS-LDA 学习实体类别。Cowan 等人[28]针对旅游相关搜索查询中的命名实体识别问题开展研究，利用条件随机场（CRF）序列模型应用于旅行域搜索查询，取得了整体 F1 得分 86%的良好识别效果。

2) 细粒度查询语义标注

对比基于命名实体识别的方法，细粒度查询语义标注方法具有更强的自然语言处理风格。例如 Manshadi 等人[24]为"产品"领域的查询定义了上下文无关文法，旨在从语法分析的角度对产品类查询的查询意图进行语义标注。基于所定义的语法,为给定输入查询构造解析树,解析树中的节点是查询的语义标记,比如品牌、型号等。传统的标注方法,比如 CRF 模型[29],对输入文本的语序有很强的假设。但用户搜索查询通常具有随意性,不符合语法规范,因此效果并不理想。Manshadi 等人将所基于文法分析的方法与 CRF 进行了比较,说明针对查询设计特殊文法对于查询语义标注具有重要作用。

(3) 查询意图挖掘

搜索引擎收到的大部分用户查询都是泛泛的或者有歧义的。通过提交一个查询,用户可能有不同的意图或信息需求。对于有歧义的查询,用户可能寻求不同的解释;对于泛泛的查询,用户可能对其不同的子话题感兴趣。例如,用户输入查询"apple",他可能是要搜索有关 IT 公司 apple 的信息,也可能在搜索有关水果的信息;用户输入一个查询"harry porter",其可能是想要寻找有关 harry porter 的各方面内容,比如电影、书、游戏等。搜索引擎需要理解用户的潜在意图,才能提供更精准的信息查询服务。为此,挖掘用户潜在意图,具有重要意义。

查询意图挖掘,也称为子主题挖掘,是实现搜索结果多样化的重要一步,也是解决查询歧义问题的重要方法之一。已有大量相关研究。在 NTCIR-9[30]和 NTCIR-10[31]中设有专门的子话题挖掘任务评测活动,用于对意图挖掘方法进行统一评测。在评测任务中,要求各方法根据给定用户查询给出子话题排序结果。一个子话题可以是一个具体的歧义查询的消歧结果,也可以是一个查询的细化,比如 harry porter 的电影等。具体评测结果可以在文献[30,31]中找到,在此不再赘述。

1.3.3 查询消歧

Web 查询存在模糊性和歧义性,很大程度上是由于其中的命名实体具有歧义性。对查询命名实体消歧,正确识别查询中的指代实体,可以帮助信息检索系统准确地返回用户想要的检索信息。作为自然语言处理领域的重要研究课题,命名实体消歧技术受到了研究人员的广泛关注。美国国家标准技术研究所(NIST)组织的两个重要的文本技术评测会议 TREC 和 TAC 也设置了相应的评测项目"实体搜索"(Entity Track)[32]和"实体连接"(Entity Linking)[33,34]。从实体消歧任务产生直到现在,不断有新的消歧方法被提出,本小节从消歧特征和消歧方法两方面对研究现状进行综述。

(1) 消歧常用特征

按照作用的不同,可以将常用的命名实体消歧特征分为局部(local)特征和全局(global)特征两个类别。

① 局部特征:体现了实体指称与候选实体之间的匹配程度,典型的局部特征包括上下文相似度(Context Similarity)特征、先验概率(Prior Probability)特征和实体的流行度(Popularity)特征。

上下文相似度：基于文本中实体指称的上下文信息以及知识库中候选实体的描述信息，度量实体指称与候选实体之间的相似度。具体的实现方法有很多，主要区别在于上下文的选择。最简单的方法是为实体指称设定一个上下文窗口，计算窗口内的文本和实体对应的维基百科文本之间的余弦相似度。而候选实体的上下文信息，可以是实体的维基百科页面文本、页面中的超链接信息以及类别信息。

先验概率：Medelyan 等人[35]首次提出先验概率这一特征，用 $P(e|m)$ 表示给定一个实体指称 m，其对应的目标实体是 e 的概率。该特征不依赖于上下文，仅利用维基百科页面中的锚文本和超链接，统计实体指称在维基百科中出现的总次数以及其中指向某一候选实体的次数，以此来估计给定实体指称指向某一候选实体的概率。先验概率来自于维基百科志愿者编写的超链接，因此具有较高的可靠性。

实体的流行度：度量了候选实体的流行程度。该特征认为越流行/被广泛关注的候选实体越有可能是给定实体指称的指向实体。Daiber 等人[36]通过统计每个实体维基百科页面中的入链数并除以所有维基百科链接数目，来计算实体的流行度。Alhelbawy 等人[36]采用 Freebase 知识库的实体流行度评分作为名实体消歧的特征。实体的流行度特征与前两种特征并不突出，因为它不依赖于任何上下文，仅对单一实体进行描述，并没有描述实体指称和实体之间的关系。

② 全局特征：主要描述不同实体指称的候选实体之间的相关程度，按相关度计算方法，可以分为基于维基百科链接关系和基于语义相关度的两种全局特征。

基于维基百科链接关系的全局特征认为具有较多共有链接的实体之间具有较高的相关度，主要依据维基百科页面中的入链集合和出链集合。具体的评估标准有谷歌距离和 Jaccard 相似系数等。Witten 和 Milne[38]首先提出了这一全局特征，采用谷歌距离对两个实体的维基百科页面的入链进行评估从而得出实体的相关程度。后来的研究当中将入链和出链的信息全部包含了进来，并使用了其他的评价指标，例如点互信息等。

基于语义相关度的全局特征主要利用实体的类别和信息框（info box）数据，计算实体与实体间的语义相关度。Strube 等人[39]所实现的消歧系统 WikiRelate 中首先提出了实体语义相关度的概念，使用维基百科的类别信息与 Wordnet 相结合的方法，取得了不错的消歧效果。Shen 等人[40]利用 YAGO 的类别体系，通过计算候选实体之间的路径长度来度量语义相关度。

（2）消歧方法

根据实体消歧所采用的策略，可以大致将已有方法分为两类：非集体（noncollective）的消歧方法以及集体（collective）的消歧方法。前者采用局部或全局特征单独处理每一个歧义实体，而后者则认为同一文本中的实体之间存在语义关联，采用集体策略同时对所有实体指称进行消歧。

第1章 Web查询处理概述

1）非集体（non-collective）的消歧方法

早期的命名实体消歧方法大多利用局部特征逐一对每一个实体指称进行消歧。Bunescu等人[41]提出了一种根据实体指称的上下文词汇和候选实体的维基百科文章内容以及候选实体的维基百科类别计算相似度进行实体消歧的方法。Zhang等人[42]通过模型自动对文本中的实体指称进行标注，生成训练数据集用于训练LDA主题模型，然后计算实体指称和候选实体的上下文语义相似度从而消歧得到目标实体。Zheng等人[43]利用排序学习方法将实体指称匹配到最有可能的候选实体，使用了实体指称与候选实体字面上的字符串相似度以及两者上下文的TF-IDF相似度特征。

共同出现在一篇文档中的实体在主题上往往具有某种相关性。基于这一观察，越来越多的方法利用主题相关性（topic coherence），引入全局特征进行实体消歧。Cucerzan等人[44]最早提出主题相关性这一概念，并采用候选实体在维基百科类别上的重叠度来度量候选实体之间的语义相关度。Ratinov等人[45]提出了一种局部和全局特征相结合的消歧方法，使用了候选实体之间的归一化谷歌距离和点互信息来度量候选实体之间的相关度。Shen等人[40]提出的消歧系统LINDEN采用排序学习方法，综合利用先验概率、基于谷歌距离的语义相关度、基于维基百科类别的语义相似度等特征取得了不错的消歧效果。

2）集体（collective）的消歧方法

集体消歧方法同样利用了候选实体的主题相关性（topic coherence），认为同一文本中出现的实体互相间存在语义关联，因而对不同实体指称的消歧是相互依赖的。为此，集体消歧方法同时对文本中所有的实体指称进行消歧。Alhelbawy等人[37]采用基于图的方法进行实体消歧。图中节点为所有的候选实体，图的边构建采用两种方式构建，一种构建方式是采用实体之间的维基百科链接，另一种方式是使用实体在维基百科文章中句子的共现。图中的候选实体节点通过和实体指称的相似度值被赋予初始值，采用PageRank选择指向实体。Hoffart等人[46]使用实体的先验概率，实体指称和候选实体的上下文相似度，以及候选实体之间的语义相关度构建了一个加权图，从中选择出一个候选实体的密集子图作为最可能的指向实体分配给实体指称。Han等人[47]提出了一个结合实体流行度、实体指称与候选实体之间的关联关系及其上下文相似度的生成模型，在LDA的话题与单词之间再加入一层变量"命名实体"，通过模型学习得到实体在文本上的概率分布，以此进行实体消歧。Sen[56]提出了一种上下文感知的话题模型，同时利用了候选实体的话题类别信息。

不同于正规的长文本（如新闻文档和维基百科文章），Web查询长度较短、用语随意等特点，使得查询中实体的上下文信息量少、噪声大，为Web查询命名实体消歧带来巨大挑战。例如,在以维基百科为候选实体知识库时,候选实体的上下文通常是维基百科页面标题的别名、摘要信息和 infobox 信息,而 Web 查询中的上下文信息很可能没有出现在维基百科页面中,比如"下载""评论"等查询中常常出现的词并不会在维基百科页面中常常出现,从而导致两者上下文相似程度较低。

1.3.4 查询推荐

查询推荐[48-50]旨在向用户推荐与其初始查询相关的查询词项,是帮助用户定位搜索意图、引导用户查询意图的一个重要方式。为了给用户提供更好的用户体验,目前很多的搜索引擎,例如以 Google 和百度为代表的商业搜索引擎,都已经设计了查询推荐接口,以提高搜索引擎的可用性和交互的友好性。

由于查询推荐对于搜索引擎的重要性以及其本身巨大的实用价值和经济效益,近年来涌现出许多关于查询推荐的研究工作。根据研究数据的来源和方法的特点,查询推荐的相关工作可以划分为:基于查询点击二分图,基于会话(Session)和综合多种数据源的方法。

(1) 基于查询点击二分图的方法:主要利用查询共同点击网页的信息进行推荐,其代表工作如文献[48-52]等。Beeferman 等人[51]提出采用自底向上的凝聚聚类方法对查询点击二分图进行聚类,从而对查询提供相同的类的查询进行推荐。Wen 等人[48]提出采用 DBScan 的方法,对查询点击二分图进行聚类,进行查询中常用问题的推荐。Baeza-Yates 等人[52]提出采用 K 均值的方法进行查询聚类,并利用聚类结果进行查询推荐。Mei 等人[50]提出使用概率首达时间,在查询点击二分图上进行随机游走,利用与测试查询平均首达时间小的查询进行推荐。Deng 等人[53]提出采用个性化的 Pagerank 算法进行查询推荐。Ma[54]等利用矩阵降维的方法,在查询、点击和用户的图上进行主题学习,推荐用户感兴趣的主题下的查询。Boldi 等[55]系统地对比了前向和后向随机游走方法在查询推荐上的性能。

(2) 基于会话的方法:主要利用查询在会话中的共现信息进行推荐,其代表工作如文献[56-60]等。Huang 等人[56]提出挖掘会话数据中的查询对,并根据查询对的共现次数来对候选的查询推荐进行排序。Fonseca 等人[57]提出利用在会话中相邻的前后查询对查询进行交互式的概念扩展,采用关联规则的方法挖掘出高频的候选查询进行推荐。Jones 等人[58]提出使用对数似然概率进行查询的相关度检验,并在查询替换、赞助广告词匹配等搜索应用中验证了该方法的有效性。White 等人[59]基于会话的后续网页进行推荐。Boldi 等人[55]提出从会话中挖掘出查询的改写模式,并提出了查询流图的概念,利用查询流图来构建查询节点之间的马尔可夫转移概率矩阵,进行一般化和个性化的查询推荐。

(3) 综合多种数据源方法:主要结合查询词项、命名实体和文档的信息,针对不常见的或未见过的查询进行推荐。Song 等人[60]提出利用词语转移矩阵来对低频查询生成推荐查询。Szpektor 等人[61]提出基于模板的查询流图,利用 WordNet 和 Wikipedia 等命名实体数据库来生成查询词语到概念的模板,推广了已有的查询流图,以此处理长尾或未知的查询。Jain 等人[62]提出结合会话、点击信息和网页文档内容的信息来生成新的查询推荐,可以处理从未出现的查询。

通过以上分析可知,已有的研究工作多基于查询日志(点击日志、会话日志等)挖掘相关查询,已取得了不错的推荐成果。但对于长尾查询(tail query)的推荐,即不常见的或未见过的查询,因其缺少查询日志而表现欠佳。综合多种数据源的方法,虽然能挖掘出更多查询相关的信息,但因为缺乏查询日志的支持,无法很好地挖掘用户感兴趣的查询。此外,当前对于查询推荐的研究较多地关注于推荐内容与初始查询的相关性,而对于引导和启发用户的点击兴趣方面研究的较少。

◆ 本 章 小 结 ◆

为便于读者理解本书所著内容,本章首先介绍了搜索引擎的基本工作原理;随后介绍了 Web 查询处理的基本概念及其研究的基本内容;最后介绍与本书技术相关的研究现状。近年来随着大规模知识库的出现,如 Wikipedia、Freebase、Probase 等,越来越多的研究关注如何利用知识"装备"搜索引擎,使之更加精准化、个性化和智能化。本书关注如何利用知识辅助计算机更好地理解用户的查询需求,在基于概念的短文本分类与排序方法、基于概念知识的查询语义理解、基于百科知识的 CQA 问题查询命名实体消歧以及基于相关实体网络的实体推荐与关键词等方面取得了一些重要进展。在接下来的章节中将分别展开详细介绍。

◆ 本 章 参 考 文 献 ◆

[1] Broder A Z, Fontoura M, Gabrilovich E, et al. Robust classification of rare queries using web knowledge[A]. SIGIR[C]. ACM, 2007: 231-238.

[2] Rose D E, Levinson D. Understanding user goals in web search[C]//Proceedings of the 13th international conference on World Wide Web. 2004: 13-19.

[3] Sun A. Short text classification using very few words[C]//Proceedings of the 35th international ACM SIGIR conference on Research and development in information retrieval. 2012: 1145-1146.

[4] Shen D, Sun J T, Yang Q, et al. Building bridges for web query classification[C]//Proceedings of the 29th annual international ACM SIGIR conference on Research and development in information retrieval. 2006: 131-138.

[5] Li Y, McLean D, Bandar Z A, et al. Sentence similarity based on semantic nets and corpus statistics[J]. IEEE transactions on knowledge and data engineering, 2006, 18(8): 1138-1150.

[6] Hu X, Sun N, Zhang C, et al. Exploiting internal and external semantics for the clustering of short texts using world knowledge[C]//Proceedings of the 18th ACM conference on Information and knowledge management. 2009: 919-928.

[7] Phan X H, Nguyen L M, Horiguchi S. Learning to classify short and sparse text & web with hidden topics from large-scale data collections[C]//Proceedings of the 17th international conference on World Wide Web. 2008: 91-100.

[8] Shen D, Pan R, Sun J T, et al. Q2c@ust: our winning solution to query classification in kddcup 2005[J]. ACM SIGKDD Explorations Newsletter, 2005, 7(2): 100-110.

[9] Dai H, Zhao L, Nie Z, et al. Detecting online commercial intention (OCI)[C]//Proceedings of the 15th international conference on World Wide Web. 2006: 829-837.

[10] Beitzel S M, Jensen E C, Frieder O, et al. Automatic web query classification using labeled and unlabeled training data[C]//Proceedings of the 28th annual international ACM SIGIR conference on Research and development in information retrieval. 2005: 581-582.

[11] Shen D, Pan R, Sun J T, et al. Query enrichment for web-query classification[J]. ACM Transactions on Information Systems (TOIS), 2006, 24(3): 320-352.

[12] Li X, Wang Y Y, Shen D, et al. Learning with click graph for query intent classification[J]. ACM Transactions on Information Systems (TOIS), 2010, 28(3): 1-20.

[13] Kim Y B, Stratos K, Sarikaya R. Scalable semi-supervised query classification using matrix sketching[C]//Proceedings of the 54th Annual Meeting of the Association for Computational Linguistics (Volume 2: Short Papers). 2016: 8-13.

[14] Cao H, Hu D H, Shen D, et al. Context-aware query classification[C]// Proceedings of the 32nd international ACM SIGIR conference on Research and development in information retrieval. 2009: 3-10.

[15] Hu J, Wang G, Lochovsky F, et al. Understanding user's query intent with wikipedia[C]//Proceedings of the 18th international conference on World wide web. 2009: 471-480.

[16] Yan R, Sun L, Wang F, et al. A General Method for Transferring Explicit Knowledge into Language Model Pretraining[J]. Security and Communication Networks, 2021.

[17] Kang I H, Kim G C. Query type classification for web document retrieval [C]//Proceedings of the 26th annual international ACM SIGIR conference on Research and development in informaion retrieval. 2003: 64-71.

[18] Lee U, Liu Z, Cho J. Automatic identification of user goals in web search [C]//Proceedings of the 14th international conference on World Wide Web. 2005: 391-400.

[19] Lu Y, Peng F, Li X, et al. Coupling feature selection and machine learning methods for navigational query identification[C]//Proceedings of the 15th ACM international conference on Information and knowledge management. 2006: 682-689.

[20] Nettleton D, Calderon L, Baeza-Yates R. Analysis of web search engine query sessions[C]//Proc. of WebKDD. 2006:20-23.

[21] Hu J, Wang G, Lochovsky F, et al. Understanding user's query intent with wikipedia[C]//Proceedings of the 18th international conference on World wide web. 2009: 471-480.

[22] Xu B, Ma Y, Lin H. A hybrid deep neural network model for query intent classification[J]. Journal of Intelligent & Fuzzy Systems, 2019, 36(6): 6413-6423.

[23] Shah, Shalin, Ryan Siskind. "Multi-task learning of query intent and named entities using transfer learning." arXiv preprint arXiv:2105.03316 (2021).

[24] Manshadi M, Li X. Semantic tagging of web search queries[C]//Proceedings of the Joint Conference of the 47th Annual Meeting of the ACL and the 4th International Joint Conference on Natural Language Processing of the AFNLP. 2009: 861-869.

[25] Guo J, Xu G, Cheng X, et al. Named entity recognition in query[C]//Proceedings of the 32nd international ACM SIGIR conference on Research and development in information retrieval. 2009: 267-274.

[26] Borthwick A E. A maximum entropy approach to named entity recognition[M]. New York University, 1999.

[27] Guo J, Xu G, Cheng X, et al. Named entity recognition in query[C]//Proceedings of the 32nd international ACM SIGIR conference on Research and development in information retrieval. 2009: 267-274.

[28] Cowan B, Zethelius S, Luk B, et al. Named entity recognition in travel-related search queries[C]//Proceedings of the AAAI Conference on Artificial Intelligence. 2015, 29(2): 3935-3941.

[29] Lafferty J, McCallum A, Pereira F C N. Conditional random fields: Probabilistic models for segmenting and labeling sequence data[J]. 2001.

[30] Song R, Zhang M, Sakai T, et al. Overview of the NTCIR-9 INTENT Task[C]//NTCIR. 2011.

[31] Sakai T, Dou Z, Yamamoto T, et al. Overview of the NTCIR-10 INTENT-2 Task[C]//NTCIR. 2013.

[32] Balog K, Serdyukov P, Vries A P. Overview of the TREC 2010 entity track[R]. NORWEGIAN UNIV OF SCIENCE AND TECHNOLOGY TRONDHEIM, 2010.

[33] McNamee P, Dang H T. Overview of the TAC 2009 knowledge base population track[C]//Text analysis conference (TAC). 2009, 17: 111-113.

[34] Ji H, Grishman R, Dang H T, et al. Overview of the TAC 2010 knowledge base population track[C]//Third text analysis conference (TAC 2010). 2010, 3(2): 3-3.

[35] Medelyan O, Witten I H, Milne D. Topic indexing with Wikipedia[C]//Proceedings of the AAAI WikiAI workshop. 2008, 1: 19-24.

[36] Daiber J, Jakob M, Hokamp C, et al. Improving efficiency and accuracy in multilingual entity extraction[C]//Proceedings of the 9th international conference on semantic systems. 2013: 121-124.

[37] Alhelbawy A, Gaizauskas R. Graph ranking for collective named entity disambiguation[C]//Proceedings of the 52nd Annual Meeting of the Association for Computational Linguistics (Volume 2: Short Papers). 2014: 75-80.

[38] Witten I H, Milne D N. An effective, low-cost measure of semantic relatedness obtained from Wikipedia links[J]. 2008: 25-30.

[39] Strube M, Ponzetto S P. WikiRelate! Computing semantic relatedness using Wikipedia[C]//AAAI. 2006, 6: 1419-1424.

[40] Shen W, Wang J, Luo P, et al. Linden: linking named entities with knowledge base via semantic knowledge[C]//Proceedings of the 21st international conference on World Wide Web. 2012: 449-458.

[41] Bunescu R, Pasca M. Using encyclopedic knowledge for named entity disambiguation[J]. 2006.

[42] Zhang W, Sim Y C, Su J, et al. Entity linking with effective acronym expansion, instance selection and topic modeling[C]//Twenty-Second International Joint Conference on Artificial Intelligence. 2011.

[43] Zheng Z, Li F, Huang M, et al. Learning to link entities with knowledge base[A]. ACL-HLT[C], 2010. 483-491.

[44] Cucerzan S. Large-scale named entity disambiguation based on Wikipedia data[C]//Proceedings of the 2007 joint conference on empirical methods in natural language processing and computational natural language learning (EMNLP-CoNLL). 2007: 708-716.

[45] Ratinov L, Roth D, Downey D, et al. Local and global algorithms for disambiguation to wikipedia[C]//Proceedings of the 49th annual meeting of the association for computational linguistics: Human language technologies. 2011: 1375-1384.

[46] Hoffart J, Yosef M A, Bordino I, et al. Robust disambiguation of named entities in text[C]//Proceedings of the 2011 conference on empirical methods in natural language processing. 2011: 782-792.

[47] Han X, Sun L. A generative entity-mention model for linking entities with knowledge base[C]//Proceedings of the 49th Annual Meeting of the Association for Computational Linguistics: Human Language Technologies. 2011: 945-954.

[48] Wen J R, Nie J Y, Zhang H J. Clustering user queries of a search engine[C]//Proceedings of the 10th international conference on World Wide Web. 2001: 162-168.

[49] Cao H, Jiang D, Pei J, et al. Context-aware query suggestion by mining click-through and session data [C]//Proceedings of the 14th ACM

SIGKDD international conference on Knowledge discovery and data mining. 2008: 875-883.

[50] Mei Q, Zhou D, Church K. Query suggestion using hitting time[C]//Proceedings of the 17th ACM conference on Information and knowledge management. 2008: 469-478.

[51] Beeferman D, Berger A. Agglomerative clustering of a search engine query log[C]//Proceedings of the sixth ACM SIGKDD international conference on Knowledge discovery and data mining. 2000: 407-416.

[52] Baeza-Yates R, Hurtado C, Mendoza M. Query recommendation using query logs in search engines[C]//International conference on extending database technology. Springer, Berlin, Heidelberg, 2004: 588-596.

[53] Deng H, King I, Lyu M R. Entropy-biased models for query representation on the click graph[C]//Proceedings of the 32nd international ACM SIGIR conference on Research and development in information retrieval. 2009: 339-346.

[54] Ma H, Yang H, King I, et al. Learning latent semantic relations from clickthrough data for query suggestion[C]//Proceedings of the 17th ACM conference on Information and knowledge management. 2008: 709-718.

[55] Boldi P, Bonchi F, Castillo C, et al. The query-flow graph: model and applications[C]//Proceedings of the 17th ACM conference on Information and knowledge management. 2008: 609-618.

[56] Huang C K, Chien L F, Oyang Y J. Relevant term suggestion in interactive web search based on contextual information in query session logs[J]. Journal of the American Society for Information Science and Technology, 2003, 54(7): 638-649.

[57] Fonseca B M, Golgher P, Ssas B, et al. Concept-based interactive query expansion[A]. ACM CIKM[C], 2005:696-703.

[58] Jones R, Rey B, Madani O, et al. Generating query substitutions[C]//Proceedings of the 15th international conference on World Wide Web. 2006: 387-396.

[59] White R W, Bilenko M, Cucerzan S. Studying the use of popular destinations to enhance web search interaction[C]//Proceedings of the 30th annual international ACM SIGIR conference on Research and development in information retrieval. 2007: 159-166.

[60] Song Y, Zhou D, He L. Query suggestion by constructing term-transition

graphs[C]//Proceedings of the fifth ACM international conference on Web search and data mining. 2012: 353-362.

[61] Szpektor I, Gionis A, Maarek Y. Improving recommendation for long-tail queries via templates[C]//Proceedings of the 20th international conference on World wide web. 2011: 47-56.

[62] Jain A, Ozertem U, Velipasaoglu E. Synthesizing high utility suggestions for rare web search queries[C]//Proceedings of the 34th international ACM SIGIR conference on Research and development in Information Retrieval. 2011: 805-814.

第 2 章

基于概念知识的 Web 查询分类

◆ 2.1 研究背景 ◆

随着信息技术的迅猛发展,互联网进入了信息爆炸的时代,海量的信息以指数级的速度增长。用户希望能够快速、准确地从海量信息中获取其关注的信息。在此需求的驱动下,信息的自动处理成为研究热点。其中,文本分类是组织和管理海量文本信息的关键技术之一,被广泛应用于信息检索、分类新闻组、邮件过滤等信息处理领域。文本表示,即将文本集表示成易于计算机处理的形式,是所有分类问题需要解决的一个基础问题[1]。当前主流的分类方法大多采用词袋向量模型(Bag-of-Words),这种表示方法将每一个词项(词或短语)作为一个向量维度,假定文本中的各词项互相独立,忽略了文本中的词序、语法和语义信息。

Web 查询是一种典型的短文本,由于短文本自身词项个数少,且用语不规范,词袋模型导致短文本向量非常稀疏,同时在计算相似度时常常受到字面不匹配(Surface Mismathch)的困扰。例如,"苹果公司将发布新产品"和"iPhone 7 即将问世"在字面上没有共同出现的词项,基于词袋向量模型计算两者的相似度会非常低,但实际上这两条短文本具有很高的相似性,因为"苹果公司"和"iPhone 7"虽然字面不匹配但两者语义很相关。现有国内外对于短文本分类的研究,较多地借鉴长文本分类技术,着重于丰富和扩展短文本相关信息方面的研究。但无论是基于搜索引擎的相关网页扩展[2,3,4],还是基于百科资源的相近词项扩展[5,6,7],都会带来在线计算上面不少的开销。此外,这些扩展只能一定程度上解决短文本向量稀疏的问题,仍然缺乏对短文本语义方面的有效处理。

第 2 章 基于概念知识的 Web 查询分类

本书提出一种基于概念(Concept)的短文本表示方法,在概念层次计算短文本相似度,从而在一定程度上解决字面不匹配所带来的影响。Sahlgren 等人[8]首次提出"Bag-of-Concepts"这一名词,将词项的同义词集合或是学习到的"Bag-of-Words"词袋的潜在维度视为概念(Concept)。这里的概念并非语义学中词义之间的上下位关系。其他工作将概念定义为知识库中的基本单元,比如 WordNet[9]或者维基百科[10]中的实体。这些概念可以一定程度上解决多词同义所带来的相似度计算问题,但并不能根本解决语义相似度计算问题。举例来说,"吉普"和"丰田"两个词并不是同义词,但两者非常相关,因为它们同属于汽车这一概念。本书将概念定义为属于同一领域的实体或事物所构成的类或集合(http://www.cs.man.ac.uk/stevensr/onto/node3.html)。属于相同概念的两个实体具有较高的语义相关性。例如"吉普"和"丰田"语义很相关,两个词虽然字面上并不相同,但两者同属于汽车这一概念,因此在概念层面两者具有相似的向量表示。这些更具一般性的概念有利于辅助短文本分类。举例来说,虽然"Beyonce named People's most beautiful woman"和"Lady Gaga Responds to Concert Band"这两条短文本没有词共现,但它们很可能同属于 Music 这一类别。因为"Lady Gaga"和"Beyonce"同属于 Singer 这一概念,而 Singer 又与 Music 非常相关。

基于概念向量模型,本书提出了一种新的短文本分类框架 BoCSTC。具体而言,给定训练样本,首先利用分类学知识库为每一个预定义类别学习一个概念模型,用以表示每个类别中典型的概念语义信息;其次,利用分类学知识库中大量的 isA 关系,将给定待分类的短文本映射到一组相关概念中,这一操作被称为概念化[11](Conceptualization);最后,基于相同的概念空间,提出一种概念相似度计算方法,用以将给定短文本分配到与其最相似的类别中。本书通过一个真实的在线轻量级应用-面向 MSN 新闻频道的查询推荐来检验 BoCSTC 的查询分类效果。实验结果表明 BoCSTC 的查询分类平均准确率高达 90.3%,优于已有的分类算法。与此同时,还可发现查询的概念信息有助于多样化查询推荐。多样化查询推荐旨在兼顾推荐准确率的同时避免推荐冗余或重复性的内容,常用的方法就是子话题聚类。通过将概念视为子话题,可以从概念层面直接多样化推荐,无须额外的子话题聚类过程即可达到多样化的推荐效果。

2.2 相关工作

本章的工作主要与两方面的研究相关:短文本分类和查询推荐。本小节将简要概述这两方面研究的相关工作。

2.2.1 短文本分类

短文本分类旨在基于内容分析将给定短文本(如搜索查询、微博、评论等)分配到一些预先定义好的目标类别。针对短文本自身词汇个数少、描述信息弱的缺陷,已有工作大多采用引入特征扩展的方法辅助分类。特征扩展一般可以分为两个方向。一个方向是通过搜索引擎[2,3,4]获取更多的上下文信息,将扩展后的短文本视为长文本,采用传统的长文本分类方法进行分类。这种扩展方式需要等待搜索引擎返回结果,而且扩展内容过于依赖返回结果的质量,因此,该方法对于实时性要求较高的在线应用来说并不可行。另一个方向是利用外部知识库[5,6,7,12],如维基百科和 WordNet,进行特征扩展。这类方法首先利用知识库从短文本中挖掘一组显示或隐式的话题,然后通过这些话题建立短文本之间的联系。但使用预定义的话题或分类系统会弱化短文本分类方法的适应性,因为这些预定义的话题对于某些应用并不可得[13]。此外,话题粒度,如 LDA 的话题个数,也很难预先给出定义。

在短文本表示中,已有工作大多采用词袋向量模型(Bag-of-Words),常常受到向量稀疏和字面不匹配问题的困扰。近年来,随着深度学习技术的发展,一些研究工作[14,15,16]尝试利用深度学习技术学习短文本的多维向量表示,在向量空间计算短文本之间的相似度。例如,Wang 等人[14]利用词向量聚类和 CNN 对短文本进行语义扩展,Zhang 等人[15]首先利用短文本的话题信息对短文本进行语义扩展,进而基于扩展的文本学习词项和话题的多维向量表示,Yu 等人[16]则先利用 Probase 知识库对短文本进行语义扩展,再进行词向量学习。已有工作表明有效的短文本多维向量表示可以改善短文本的多种应用,比如短文本检索和分类。但多维向量表示的学习往往需要大量调参,并且模型不具可解释性。

本书提出使用概念向量表示短文本。与基于深度学习技术的多维向量表示相比,基于概念的短文本表示较为直观且易于理解,方便对模型进行调整。本书利用包含大规模细粒度概念知识的分类学知识库 Probase,将短文本和目标类别分别映射到一组相关概念中,在概念空间计算文本与目标类别之间的相似性。所提方法不需要进行耗时耗力的特征扩展,基于概念计算相似度还可以一定程度上解决字面不匹配问题。此外,与传统的分类方法(如 SVM)相比,所提方法只需要较少的训练文本即可为目标类别学习概念表示。

2.2.2 查询推荐

查询推荐技术被广泛用于辅助用户搜索和浏览信息。当为某一用户生成查询推荐时,一种很自然的方法是利用该用户的搜索记录[17](近期提交的查询)、点击

第2章 基于概念知识的Web查询分类

记录[18]（近期点击的文档）或其他日志数据[19]获取相关查询。已有大量研究工作[20,21,22]基于这些相关数据的进行查询推荐。

然而，许多查询推荐的应用场景并不包含这些丰富的上下文信息，比如本章中提到的"面向MSN频道的查询推荐"。对于给定推荐目标，当缺少用户偏好信息和查询日志时，已有的推荐方法将不能生成与推荐目标非常相关的候选查询。在没有用户偏好信息的情况下，Bordino等人[23]尝试当用户浏览某一网页时，向其推荐与浏览内容相关的查询。但对于MSN某一个频道而言，仅根据频道内某一篇文章的内容生成与频道相关查询显然是不够的。为此，本书提出从频道内不同的文章中学习与频道相关的话题/概念信息，从话题层面度量查询与频道之间的相关性。从这个角度来看，本章工作与查询分类[5]任务很相近，但查询分类任务不涉及同类别查询的排序，而所提方法通过将概念视为子话题，可以很容易地对频道内查询进行多样化排序，从而用作查询推荐。

2.3 预备知识

本书利用一个大规模知识库为预定义类别学习概念模型，并利用知识库中大量的isA关系将查询短文本概念化。本节将重点介绍我们所使用的知识库。

Probase知识库：本书选用Probase[24]知识库从文本中学习概念知识。Probase旨在建立一个包含人类思维所有概念isA的关系网络。其中的isA关系通过赫斯特语言模式[25]（Hearst linguistic pattern）提取。例如，通过such as模式可以从"… artists such as Pablo Picasso …"这一语句中获知"artist"是"Pablo Picasso"的一个上位词。Probase的覆盖范围非常广，包含成百上千万的概念。本书使用的版本（Probase的公开数据详见网址：http://probase.msra.cn/dataset.aspx）包含2.7M（百万）的概念以及4.5M的isA关系。例如，"robin"isA bird和"penguin"isA bird。Probase中包含大量类似"basic watercolor technique"和"famous wedding"这样的具体概念，有助于增强相近类别之间的区分度。例如，给定"Angelina Jolie"，Probase可将其匹配到Hollywood star和movie star，而给定"Beyonce"，则可匹配到到pop star，famous singer和musician。

典型性概率：Probase的另一个特点是它是一个概率性的知识库。它包含每对（concept, sub-concept）或（concept, entity）的共现次数。对于将实体映射到概念空间，本书采用一种概率的方法来度量isA关系，称为典型性概率（Typicality）。给定实体e、概念c，两者间存在isA关系，典型性概率$P(c|e)$的计算方法如公式(2-1)所示，它反映了概念c在实体e的所有可能概念中的典型度。

$$P(c|e) = \frac{n(e,c)}{n(e)}, P(e|c) = \frac{n(e,c)}{n(c)} \tag{2-1}$$

式中，$n(e,c)$ 表示 e 和 c 的共现次数 $n(e)$ 和 $n(c)$ 分别为 e 和 c 出现的总次数。类似地，$P(e|c)$ 度量了实体 e 在属于概念 c 的所有实体中的典型度。在概念模型的构建中，本书利用 $P(c|e)$ 为短文本中的实体选择典型的概念表示。

概念聚类：Probase 包含海量的概念知识，其中许多概念彼此很相似，例如"country"和"nation"，"music star"和"pop star"等。本书使用 k-Medoids[26] 聚类算法，将 Probase 中相似的概念聚到一起。一个概念聚类（Concept Cluster）表示一个特定的含义或者具有一般性的话题，由位于聚类中心点的概念所表示。例如，对于以 country 为中心的概念聚类，绝大多数聚类成员都与 country 非常相近，包括 nation、asian country、developing country 和 region 等。本书在短文本分类中多次使用概念聚类，包括短文本的歧义词识别和目标类别的子话题表示。

◆ 2.4 基于概念的短文本分类框架 ◆

本书提出了一种新的基于概念的短文本分类框架 BoCSTC。本节首先简要介绍 BoCSTC 的组织结构，然后再详述我们如何利用知识库学习目标类别的概念模型、如何将短文本概念化以及怎样基于概念计算短文本与目标类别之间的相似度。

BoCSTC 主要由线下学习和在线分类两部分组成，具体框架结构如图 2-1 所示。

线下部分旨在为每一个目标类别学习一个具有类别分辨能力的概念模型。具体而言，给定目标类别 CL_l 及其训练数据，首先从训练文本中提取出现的实体；然后利用知识库将实体一一映射到相应的概念集，将这些概念集综合在一起构成类别 CL_l 的候选概念表示；最后，选择具有代表性的概念用于表示类别 CL_l。最后一个步骤非常关键，所选择的概念不能太抽象也不能太具体，因为太抽象的概念，如 event 和 item，不具有类别区分度，而太具体的概念如 "brand new entertainment electronic product" 则因实体覆盖度较低而不具代表性。本书提出一种结合实体逆文本频率（inverse document frequency，idf）、概念 idf 和实体概念典型性概率 $p(c|e)$ 的概念加权方法，对候选概念进行加权评分，选择得分较高的概念用作类别 CL_l 的概念表示模型。这一候选概念排序机制还有利于减少匹配实体与概念时，因实体歧义所引入的噪声。更多细节详见本书 2.4.1 节。

在线运行时，给定短文本，BoCSTC 需要先对其进行概念化处理，以便将短文本映射到与目标类别相同的概念空间中进行类别判断。其中，短文本的实体消歧是这一步骤中最具挑战性的问题。本书 2.4.2 详细介绍了一种考虑实体消歧的短文本概念化方法。在相同的概念空间,本书提出一种基于概念相似度计算的短文本分类机制。这一机制还有一个好处,即直接利用相似度得分对判属于同一类别的短文本进行排序,极大地方便了许多具有分类和排序两项需求的在线应用,比如广告推荐。具体细节在本书 2.4.3 节中给出。最后,根据短文本与各个类别的相似性得分将其分配到最相似的类别中,返回判定结果。

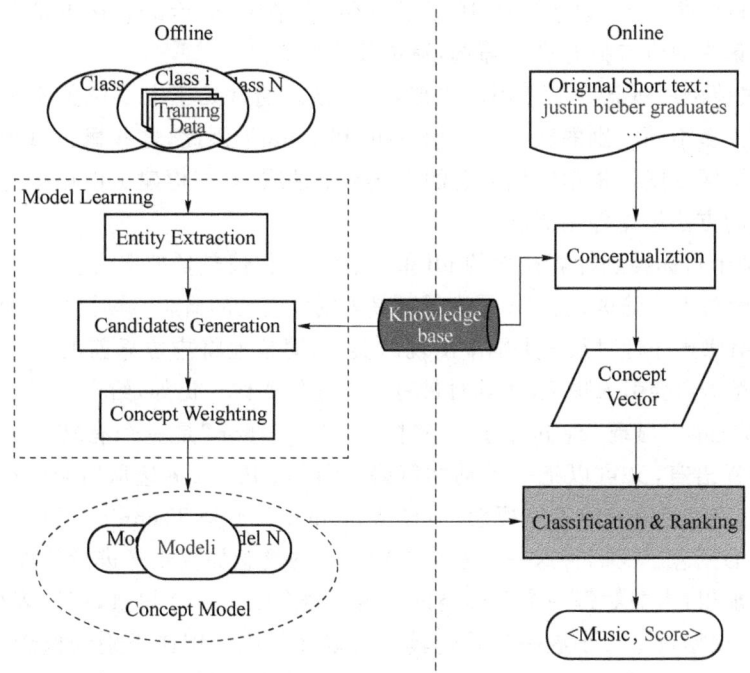

图 2-1　基于概念的短文本分类框架图

2.4.1　类别概念模型

给定目标类别 CL_l 及其训练文档集 D_l,本书利用大规模知识库-Probase 学习 CL_l 的概念模型,并使用概念向量 $CM_l = (\langle c_1, w_1 \rangle, ..., \langle c_i, w_i \rangle, ..., \langle c_K, w_K \rangle)$, $i = 1, 2, ..., K$ 表示该模型。其中,w_i 是概念 c_i 在类别 CL_l 中的权重,该值反映了概念在类别中的代表性程度,权值越大则概念的类别代表性越强。具体而言,概念模型的学习过程主要分三个步骤:实体识别、候选概念生成和概念加权。

实体识别:为获取概念表示,首先需要识别训练文本中出现的实体,进而再通过实体从知识库中获取相应的概念。本书首先对训练文本进行断句处理,然后以 Probase 中大规模的实体库为词典,使用逆向最大匹配算法识别句中出现的实体。本书使用的 Probase 版本包含 8.26M(百万)的实体,如"Beyonce""Lady Gaga"

"Barack"等。识别步骤结束后,本书使用 idf 对抽取到实体进行加权排序,去掉 idf 权值低的不具代表性的实体。

候选概念生成:本书利用 Probase 中海量的 isA 关系从抽取到的实体中生成候选概念。给定某一抽取到的实体 e_j,利用典型性概率 $P(c|e)$ 对所有与 e_j 具有 isA 关系的概念进行排序,选择排位靠前的 N_t 个概念作为这一实体的典型概念,加入候选概念集。N_t 通常选取 10 的整数倍,本书中 $N_t=20$。接下来,进一步对概念候选集中的所有概念进行筛选,筛选条件如下:

(1) 去掉停用概念。与停用词类似,停用概念通常处于上下位关系中的高层,且涵盖了太多不同类别的实体。比如 item 和 thing。因此,这些概念过于抽象,并不具备类别区分度。根据停用概念的上述两个性质,本书构建了停用概念表,通过词表查找的方法过滤停用概念。

(2) 基于目标类别计算概念的 idf 值,去掉 idf 权值较低的概念。

即便经过上述筛选,过滤掉了大量不具类别代表性的概念,最后生成的候选概念集仍然带有噪声。针对某一类别中出现的实体,简单地将排位靠前的 N_t 个概念选作它的典型概念会引入噪声,尤其对带有歧义性的实体。比如,给定 Technique 这一类别,训练文本中出现"python"这一实体,因为"python"是一个有歧义的实体,既是一种编程语言,又可以指一种动物巨蟒,所以从 Probase 选取"python"的前 20 个概念则会包含 animal 这一概念,但显然 animal 并不是 Technique 这一类别的具有代表性的概念。我们将这一问题留在接下来的概念加权步骤进行处理。

概念加权:本书对每一个目标类别的候选概念赋予一个权重,用以表征其类别代表能力,根据权重大小进一步筛选具有代表性的概念用作类别的概念表示。具体而言,对于候选概念 c_k,本书综合 CL_l 中以其为典型概念的实体、概念典型性概率 $P(c_k|e_j)$ 以及概念自身的 idf 权值来计算 c_k 在类别 CL_l 中的权重。公式 (2-2) 给出了具体的计算方法。

$$w(c_k, CL_l) = \sum_{e_j \in CL_l} P(c_k|e_j) \times \mathrm{idf}(e_j) \times \mathrm{idf}(c_k) \qquad (2\text{-}2)$$

通过概念权重对候选概念进一步过滤,选取权值较高的概念作为类别的概念表示。此步骤可有效消除生成候选概念时由歧义实体引入的概念噪声,因为噪声概念的在某一类别下所覆盖的实体较少,权重通常会比较低,比如 Technique 类别中的 animal。

2.4.2 短文本概念化

短文本概念化[11,27,28]旨在将短文本映射到一组最能代表其表达内容的概念向量中。同样地,本书通过短文本中的实体提取相关概念。为了避免提取过于抽象的概念,文本在短文本实体识别中注重具体实体的识别。一般而言,包含越多修饰

第2章 基于概念知识的Web查询分类

词的实体越具体,比如"apple watch"就要比"watch"更具体。因此,首先从短文本中识别出所有可能的实体,然后逐一删除那些被其他实体所包含的实体。例如,给定短文本"windows phone app",本书识别出的实体集合为{"windows phone," "phone app"},其他实体如"windows""phone"和"app"则因为包含在"windows phone"和"phone app"中而被过滤。

给定短文本 st_i 中所识别出的实体列表 $E_{st_i}=\{e_j\,|\,j=1,2,\cdots,M\}$,本书利用 Probase 中海量的 isA 关系对其进行概念化。Song 等人[11]首次提出了一种基于朴素贝叶斯模型的短文本概念化方法。其模型首先使用 Probase 知识库获取每个实体与概念间的条件概率 $P(c\,|\,e)$,再通过朴素贝叶斯模型推导出短文本的概念分布。该方法采用如公式(2-3)所示的方法计算短文本候选概念的后验概率,选择排序靠前的概念作为短文本的概念表示。

$$P(c_k\,|\,E_{st_i})=\frac{P(E\,|\,c_k)P(c_k)}{P(E)}\propto P(c_k)\prod_{e_j\in E_s}P(c_k\,|\,e_j) \qquad (2\text{-}3)$$

但 Song 等人的方法并没有考虑实体出现的语境,因而未涉及实体消歧,无法处理歧义实体所带来的问题。以查询"apple ipad"为例,其中的"apple"有两种语义,既可以是一家著名的科技公司(Company),又可以指一种水果(Fruit)。本书利用歧义实体出现的上下文辅助实体消歧,在上述例子中,可以通过"ipad"来判定其中的"apple"指的是苹果公司。观察发现,上下文实体有助于实体消歧。例如,对于歧义实体"jordan",它与"china"一起出现时,很可能指的是国家(Country)约旦,而当它与"nike"一起出现时,则很可能是指一个著名品牌(Brand)乔丹。这是因为通常歧义实体与上下文实体具有相同的语义语境。具体而言,本书通过以下两个步骤实现短文本概念化。

歧义实体检测:此步骤旨在为短文本实体列表 E_{st_i} 中的每一个实体识别不同的含义(Sense),从而检测带有歧义性的实体。在 Probase 知识库中,通过将概念进行聚类,可以将具有相似含义的概念聚集到一起,每一个概念聚类可以代表某一种含义。本书利用实体 e_j 的概念聚类来检测它的不同含义。给定 e_j 的概念聚类来检测它的不同含义。给定 e_j 的代表性概念列表 $C_{e_j}=\{ck\,|\,k=1,2,\cdots,N_t\}$,以及它的概念聚类集合 $CCL_{e_j}=\{ccl_m\,|\,m=1,2,\cdots,M_t\}$,本书利用 e_j 的概念聚类熵来估计它的歧义性程度,如公式(2-4)所示。

$$H(e_j)=-\sum_{ccl_m\in CCL_{e_j}}P(ccl_m\,|\,e_j)\times\log_2 P(ccl_m\,|\,e_j) \qquad (2\text{-}4)$$

式中,$P(ccl_m\,|\,e_j)$ 表示 e_j 属于概念聚类 ccl_m 的概率,本书通过对 C_{e_j} 中属于 ccl_m 的概念典型概率 $P(c\,|\,e)$ 进行加权来估计 $P(ccl_m\,|\,e_j)$。熵值较高的实体在概念聚类上的分布就越具不确定性。

实体消歧:给定短文本的实体列表 E_{st_i} 和检测到的歧义实体,本书利用 E_{st_i} 中的无歧义实体来辅助歧义实体消歧。这里用 e_i^v 表示歧义实体，e_j^u 表示无歧义实体。我们对 e_i^v 的每一个概念聚类赋予一个新的权重，计算方法如下：

$$P'(\text{ccl}_m | e_i^v) = \sum_{\text{ccl}_n \in \text{CCL}_{e_j^u}, e_j^u \in E_{s_i}} P(\text{ccl}_m | e_i^v) P(\text{ccl}_n | e_j^u) \text{CS}(\text{ccl}_m, \text{ccl}_n) \quad (2\text{-}5)$$

式中，$\text{CS}(\text{ccl}_m, \text{ccl}_n)$ 表示概念聚类相似度，计算方法如下：

$$\text{CS}(\text{ccl}_m, \text{ccl}_n) = \frac{1}{|\text{ccl}_m|} \sum_{c_k \in \text{ccl}_m} \text{Max}_{c_j \in \text{ccl}_n} \frac{|E_{c_k} \cap E_{c_j}|}{|E_{c_k} \cup E_{c_j}|} \quad (2\text{-}6)$$

式中，E_{c_k} 表示 c_k 的典型实体列表。选择权值最高的概念聚类 $\text{ccl}_{e_i^v}^*$ 作为歧义实体 e_i^v 在短文本中所具有的含义。对于无歧义实体，选择其中占主导地位的概念聚类作为其在短文本中所指示的含义，这里用 $\text{ccl}_{e_j^u}^*$ 表示。最后，将 E_{st_i} 中每个实体的最终概念聚类合并在一起，用 $\bigcup_{j=1}^{M} \text{ccl}_{e_j}^*$ 表示。其中，每一个概念聚类 $\text{ccl}_{e_j}^*$ 由一个概念向量表示，记为 C_j。每一个向量维度是属于该聚类的概念典型性概率 $P(c|e_j)$。如此一来，短文本即可通过概念化映射到与目标类别相同的概念空间。

2.4.3 分类与排序

本小节介绍一种基于概念相似度的短文本分类方法以及如何利用此方法对分配到同一类别下各短文本进行排序。

1. 分类

基本思想：基于相同的概念空间计算短文本与目标类别之间的相似度，将其分配到与之最相似的类别中。给定短文本 st_i 的概念表示 $C_{\text{st}_i} = \{C_j | j = 1, 2, \cdots, M\}$ 和类别 CL_l 的概念模型 CM_l，本书采用如公式(2-7)所示的方法计算两者之间的相似度。

$$\text{Sim}(\text{st}_i, \text{CL}_l) = \sum_{C_j} \sum_{c_k \in C_j \wedge c_k \in \text{CM}_l} P(c_k | e_j) \times w(c_k, \text{CL}_l) \quad (2\text{-}7)$$

最后，逐一计算 st_i 与各个类别之间的相似度，选择与 st_i 最相似的类别 CL_l^* [公式(2-8)]作为它的分类结果，并赋予 st_i 相应的相似度分值作为它在类别 CL_l^* 中的相似度评分

$$\text{CL}_l^* = \underset{\text{CL}_l \in \text{CL}}{\text{argmax}} \text{Sim}(\text{st}_i, \text{CL}_l) \quad (2\text{-}8)$$

为进一步改进分类效果，这里可根据相似度的大小为每一个类别定义一个评分阈值。比如，有些应用对分类准确率要求较高，宁可不分也不要错分，这时就有必要通过调节阈值过滤掉评分较低的短文本。

2. 排序

许多应用在需要分类的同时还对结果排序有要求。本书提出的基于概念的短文本分类框架 BoCSTC 有助于对同一类别下的短文本进行排序。具体而言，本书提出两种排序方法：相似度排序和多样化排序。

第 2 章　基于概念知识的 Web 查询分类

（1）相似度排序：利用相似度进行排序是常用的排序方法。例如，在广告推荐问题中，搜索引擎首先计算竞价关键词与用户查询直接的相似度，再根据相似度大小选择排位靠前的广告进行推荐。在本书提出的 BoCSTC 分类框架中，每一条分配到类别 CL_l 中的短文本 st_i 均自带一个基于概念的相似度评分，可以根据这一评分直接对类别 CL_l 中的短文本进行排序。在概念空间中计算相似度，有助于一定程度上解决词项字面不匹配所带来的问题。

（2）多样化排序：许多推荐相关的应用都需要对推荐列表进行多样化（Diversity）处理，因为它直接影响着用户体验（User Experience）。现有工作[29,30,31]大多基于推荐内容的不同方面或子话题实现多样化。一般而言，需要先通过聚类或者其他子话题挖掘方法生成子话题，再分别从各子话题中选取推荐内容生成多样化的推荐列表。本书提出的基于概念的短文本分类方法则不再需要额外的聚类过程，通过将短文本的概念聚类视为子话题，可以直接利用概念聚类实现多样化。由此可见，BoCSTC 对于有实时排序要求的应用更具适应性。本书将概念视为子话题，采用 Dang 等人[29]提出的子话题均衡（Proportionality）算法实现多样化排序。

2.5　面向 MSN 新闻频道的查询分类

本节重点介绍了 BoCSTC 的一项实际应用：面向 MSN 新闻频道的查询推荐。为了便于用户分门别类地浏览新闻内容，主流的互联网门户网站，如 MSN 和 Yahoo!，提供了多种多样的新闻频道。图 2-2 所示为 MSN 新闻频道的部分截图。作为一款在线应用，面向 MSN 新闻频道的查询推荐旨在引导 MSN 用户的查询需求，当用户正在浏览各个新闻频道时，向其推荐与浏览频道最相关最热门的搜索查询。为实现这一应用，需要解决三个问题：①推荐目标（新闻频道）太"短"，新闻热点不断涌现导致频道内容实时更新，缺乏实时的训练数据或用户偏好浏览日志；②需要理解搜索查询短文本才能进行推荐；③需要分类的同时对结果进行排序，即判断某一搜索查询属于哪一个新闻频道以及对同一频道下的搜索查询进行多样化排序。这些问题也指明了 BoCSTC 可能的应用场景。接下来的三个小节将详细介绍如何利用 BoCSTC 解决上述三个问题。

2.5.1　新闻频道的概念表示

新闻频道常常是具有一般性的类别名称，比如生活（Living）、财经（Money）和娱乐（Entertainment）等。与传统的推荐系统不同，我们并没有针对新闻频道的相关日志数据,比如查询点击或用户浏览偏好(新闻点击)等。人工标注训练样本耗时耗力,不具可操作性。与此同时,新闻频道的内容随着新闻热点不断涌现而实时更新,这对推荐模型的词变化适应性提出了更高的要求。挖掘隐藏在新闻频道不断更新的内容下不变的核心话题来对其进行描述是一个可能的解决方法。

图 2-2　MSN 新闻频道的部分截图

BoCSTC 试图从每一个频道下的热点新闻中捕获频道的典型概念来对频道进行表示。本书爬取各个频道下的新闻列表,通过新闻标题获取典型的概念信息,因为新闻标题反映了文章的主要内容。仅仅处理标题,不对正文做处理可以节省大量的文本处理时间,从而大大提高模型的更新速度。表 2-1 所示为 BoCSTC 为音乐频道刻画的概念模型样例。可以看出,不同概念聚类(话题)下的典型概念基本反映了音乐频道的主要内容。

表 2-1　"Channel Music"的概念模型

频道内不同话题下的典型概念		
Singer:	Song:	Instrument:
performer	good song	musical instrument
pop star	classic song	electronic instrument
pop artist	hip-hop song	string instrument
Music:	Band:	Musician:
music style	rock band	guitarist
musical genre	metal band	guitar player
musical form	pop band	pianist

2.5.2 查询概念化

为了将搜索查询分配到合适的新闻频道,我们需要先弄清楚查询短文本所表达的主要内容,即理解用户查询的搜索意图。查询意图理解是信息检索系统最核心的组件之一[32],近年来被广泛研究。现有方法大多利用机器学习技术来推测用户意图,通常需要通过搜索引擎[3,4]来丰富查询短文本,或是将日志数据[33,34](如查询日期和搜索点击日志)作为训练数据来训练查询分类器。但对于面向新闻频道的查询推荐这一在线应用,这些方法并不适用。首先,通过搜索引擎对查询进行扩展比较耗时,不适于实时在线应用,且过分依赖搜索引擎的查询结果,查询结果质量不可控。其次,传统的统计机器学习的方法并不适用,因为没有足够的训练数据来训练分类器。而人工标注数据耗时耗力,且不能适应新闻频道内容多变的特性。

通过利用 2.4.2 小节所介绍的短文本概念化技术,BoCSTC 仅需极少的人工干预即可从概念层面挖掘查询短文本所表示的话题内容。查询概念化旨在利用知识库,通过查询短文本中检测出的实体推测出查询典型的概念向量表示。如此一来,可以在相同的概念空间计算查询与各新闻频道的相似度,从而将其分配到最相似的频道。在概念化过程中,本书利用实体上下文在一定程度上解决实体消歧问题。表 2-2 所示为查询概念化的一些样例。

表 2-2 查询概念化样例

查询	检测到的实体:实体典型的概念
apple engineer	apple:company,corporation,firm engineer:professional,expert,occupation
the temptations	temptation:artist,popular artist,entertainer
george clooney dated lucy liu	george clooney:celebrity,movie star,actor lucy liu:celebrity,star,asian actress

2.5.3 查询多样化排序

本节介绍了 BoCSTC 分类与排序模块在面向新闻频道的查询推荐中的具体使用方法。经过上述两个步骤,新闻频道和待推荐的查询都已映射到相同的概念空间,具有各自的概念向量表示。我们先用 2.4.3 小节所提出的基于相似度的分类方法将待分查询进行分类,再用 2.4.3 小节提出的多样化排序方法对分配到同一新闻频道的查询进行多样化处理。具体而言,对于某一新闻频道,首先按相似度分值对所有分配到其中的查询进行排序，之后选取排位靠前的 N（如 $N=100$）作为待推荐的候选查询，以此来过滤掉频道中相似度较低的查询来提高推荐质量。

本书将新闻频道中挖掘到的各概念聚类视为该频道的不同话题，利用一种基于话题均衡性的 PM-2 算法[29]对查询进行多样化处理。PM-2 算法基于被推荐目标的话题来考虑推荐列表的多样化。给定新闻频道 CL_l 的初始推荐列表 R（CL_l 中排序靠前的 N 个查询），CL_l 的话题列表 $CCL_l=\{ccl_i, i=1,2,\cdots,M\}$，以及推荐席位数 Ns（一般将其设置为 5、10 或者 20），PM-2 算法首先选择一个具有最大商数的话题 ccl_i^*，之后在此话题下选择一个相关查询。算法不断重复上述两个步骤，直到所有推荐席位都被填满为止。其中，在选择相关查询时，该算法也兼顾考虑了其他话题。公式(2-9)给出了相关查询的具体选择方法：

$$q^* = \underset{q_j \in R}{\operatorname{argmax}} \{\lambda qt[i^*] \times P(q_j | ccl_i^*) + (1-\lambda)\sum_{i \neq i^*} qt[i] \times P(q_j | ccl_i)\} \tag{2-9}$$

式中，$qt[i]$ 表示话题 i 的商数，$P(q_j | ccl_i)$ 表示查询 q_j 属于概念聚类 ccl_i 的概率，λ 是一个调节因子，负责调节当前话题 ccl_i^* 与其他话题之间的权重。

PM-2 更多地关注于话题层面的多样性，忽略了字面层的多样性，推荐内容字面上的多样性也对用户体验有影响。举例来说，如果前面推荐了"elton john worries lady gaga"，后面再推荐"elton john lady gaga health"则不利于用户体验，因为"elton john"和"lady gaga"重复出现。为了避免这种字面层的重复推荐，本书在 PM-2 算法基础上引入了基于词的距离因子，如公式(2-10)所示。

$$q^* = \underset{q_j \in R}{\operatorname{argmax}} \{\text{Score}_{PM-2} \times \text{Distance}(q_j)\} \tag{2-10}$$

式中，Score_{PM-2} 为公式(2-9)中 PM-2 原始分值的缩写，$\text{Distance}(q_j)$ 表示查询 q_j 与已有席位的查询间最小的词间距，其计算方法如公式(2-11)所示。

$$\text{Distance}(q_j) = \underset{q_i \in S'}{\operatorname{argmin}} \left\{ 1 - \frac{|W_{q_i} \cap W_{q_j}|}{|W_{q_i} \cup W_{q_j}|} \right\} \tag{2-11}$$

式中，S' 是已选入席的查询集合，W_{q_i} 表示查询 q_i 的词集。

2.6 实验

本节通过一个真实的在线应用"面向 MSN 新闻频道的查询推荐"对 BoCSTC 进行评测。实验主要包括两方面的评测内容：查询分类和多样化排序。接下来首先介绍本次实验使用的测评数据，然后分别给出两项测评的实验设置和评测结果。

2.6.1 实验数据

本书选择四个常见的新闻频道作为本次实验的目标类别,即财经(Money)、电影(Movie)、音乐(Music)和电视剧(TV)。下面给出本次实验所使用的真实数据,包括训练数据和测试数据。

训练数据:本书首先从四个新闻频道中爬取热点新闻,爬取内容包括新闻标题和正文,之后从中为每个频道随机选择 6 000 篇新闻作为训练数据,如表 2-3 所示。我们将新闻标题视为短文本,用于训练 BoCSTC。新闻标题和正文合并在一起,作为长文本用于训练其他典型的分类模型,如 SVM。从训练数据的文本长度可以看出 BoCSTC 所需处理的训练本书较少,这有利于模型的及时更新。

表 2-3 构建训练数据集

新闻频道	新闻数量	训练样本
Money	180 610	6 000
Movie	6 360	6 000
Music	7 623	6 000
TV	12 888	6 000

测试数据:本书以必应搜索引擎连续 5 个小时的查询日志中真实的用户查询作为测试数据源。为减轻人工标注的负担,首先使用一个初步训练过的分类器对这些测试数据进行分类,之后再将分配到目标类别的查询进行人工标注。本书共计人工标注了 841 个查询,从中随机选取 200 个作为验证集,再随机选取 600 个作为测试集,如表 2-4 所示。请注意这里一个查询可能属于多个类别。

表 2-4 构建测试数据

新闻频道	标注数量	验证数据	测试数据
Money	194	50	144
Movie	206	50	152
Music	234	50	152
TV	207	50	152
Total #	841	200	600

与训练数据不同,用户查询通常较短,需要对其进行扩展,以便有效评测其他对比模型,如 SVM。本书利用必应搜索引擎对所选择的用户查询进行扩展。根据

Shen 等人的工作[5],将每一条用户查询提交到必应搜索引擎,选择返回的前 40 条结果(包含标题和摘要)作为扩展内容。其他数据处理包括去停用词和词干提取。表 2-5 所示为训练数据和测试数据的一些统计信息。

表 2-5 各实验数据的文本长度(unigram 个数)

数据类型	Max	Min	Ave.
Query	9	2	2.93
Article Title	27	2	8.58
Article	225	68	109.2
Expanded Query	432	101	245.05

2.6.2 查询分类效果

本小节对各分类算法在查询短文本上的分类效果进行评测。

1. 实验设置

为验证 BoCSTC 的查询分类效果,本书将其与以下典型的分类算法进行比较。

(1)基于实体的相似度计算方法(Entity_ESA):BoCSTC 基于概念计算查询与目标类别的相似度,类似地,本书设计了一个基于实体的语义相似度计算法以做对比。已有许多工作[35,36]利用维基百科计算语义相似度。为解决字面不匹配问题,本书利用当前语义相似度计算方面表现较好的 ESA[35]方法实现基于实体的语义相似度计算。本书利用 2.4.1 小节所提出的实体抽取方法分别从查询和各频道的训练数据中提取相关实体,采用如公式(2-12)所示的方法计算查询与各频道的相似度。

$$\text{Sim}(Q_i, \text{CL}_l) = \sum_{e_i \in Q_i} \sum_{e_j \in \text{CL}_l} \text{ESA}(e_i, e_j) \times \text{idf}(e_j) \quad (2\text{-}12)$$

为简化计算量,我们按实体的 idf 值对其进行排序,为每一个频道选择排序靠前的 500 个实体用于表示该频道。通过上述计算,选择与查询最相似的频道作为该查询的分类结果。可以看出,Entity_ESA 与本书提出的 BoCSTC 非常类似,区别仅在于前者使用"Bag-of-Entity"而后者使用"Bag-of-Concepts"。

(2)向量空间模型(VSM)[37]:VSM 将文本表示为词向量,广泛用于计算文本相似性。本书利用 VSM 计算查询与新闻频道之间的相似度,通过将查询分配到与其最相似的频道实现查询分类。由于查询文本较短,本书使用扩展后的查询进行相似度计算,用 Q^e 表示,并将频道记为 CH,训练文档记为 D。首先逐一计算查询与各训练文档之间的相似度,之后选择相似度最高的训练文档 D^* 所属的频道 CH^* 作为查询的分类结果。

$$D^* = \underset{D_j}{\text{argmax}} \{\text{Similarity}(Q_i^e, D_j)\} \& D^* \in \text{CH}^* \quad (2\text{-}13)$$

第 2 章　基于概念知识的 Web 查询分类

(3) 语言模型(LM)[38]：与 VSM 的使用方法类似，本书利用语言模型计算查询 Q_i 被训练样本"生成"的概率，选择概率最大的训练文本所属的频道作为分类结果，具体计算方法由公式(2-14)给出。

$$P(D_j|Q_i) \propto P(Q_i|D_j)p(D_j) \tag{2-14}$$

式中，$p(Q_i|D_j)$ 表示给定文档 D_j 查询 Q_i 的似然概率，$P(D_j)$ 表示文档 D_j 与任一查询相关的先验。大多现有工作将 $P(D_j)$ 设为一个定值，因此它不会对排序问题产生影响，可以在计算中将其忽略。利用一元语言模型，公式(2-14)可进一步表示为

$$P(D_j|Q_i) \propto P(Q_i|D_j) = \prod_{k=1}^{n} P(Q_k|D_j) \tag{2-15}$$

式中，Q_k 表示查询 Q_i 的第 k 个词项。最后，利用 LM 进行查询分类的计算方法为

$$D^* = \underset{D_j}{\mathrm{argmax}} \{P(Q_i|D_j)\} \& D^* \in \mathrm{CH}^* \tag{2-16}$$

本书构建了两个语言模型：文章层面的语言模型和频道层面的语言模型，分别标记为 LM_d 和 LM_{ch}。前者关注于文档"生成"查询的概率，而后者将频道内所有训练样本视为一篇文档，关注于频道"生成"查询的概率。考虑到频道层面的文本长度较大，在后者的计算中我们使用扩展后的查询 Q^e。

(4) 支持向量机(SVM)[39]：SVM 是一种统计机器学习算法，广泛用于文本分类。在 KDDCUP 2005 的查询分类竞赛中，Shen[3] 等人利用查询扩展等一系列方法最终采用 SVM 分类算法取得了第一名。本书利用 LibSVM[40]，基于我们的训练数据，实现 SVM 分类。

本书在上述分类方法的实现中，对于 SVM 采用 Cosine 计算相似度，并使用归一化的词频 TF 值作为词向量维度；对于语言模型，在估计 $p(D_j|Q_i)$ 中，使用 C. Zhai[41] 提出的 Dirichlet 平滑方法对数据进行平滑处理，经过参数调整，在 LM_d 中将 μ 设置为 500，在 LM_{ch} 中 μ 为 2 000；训练 SVM 分类器时，在查询验证集上进行参数调整，同样使用归一化的词频作为向量维度值。

2. 分类结果

本次评测采用准确率(Precision)、召回率(Recall)和 F 值作为分类效果的度量指标。F 值是准确率和召回率的调和平均数。本次测评使用了 F_1 和 $F_{0.5}$ 两种 F 值，前者表示准确率和召回率具有相同的权重，而后者则更强调准确率的重要性。

图 2-3 所示为各算法在真实查询数据上的分类表现，其中纵轴表示对应指标在四个频道上的加和平均值。可以看出：

(1) BoCSTC 在准确率这一指标下的表现明显优于其他分类算法，比排名第二的 LM_{ch} 高了近 10 个百分点。虽然它的召回率并不理想，只有 0.58，但在 $F_{0.5}$ 这

一指标下的综合表现能达到 80% 以上。对更关注推荐准确率的轻量级在线应用——面向新闻频道的查询推荐来说，BoCSTC 的综合表现是可接受的。

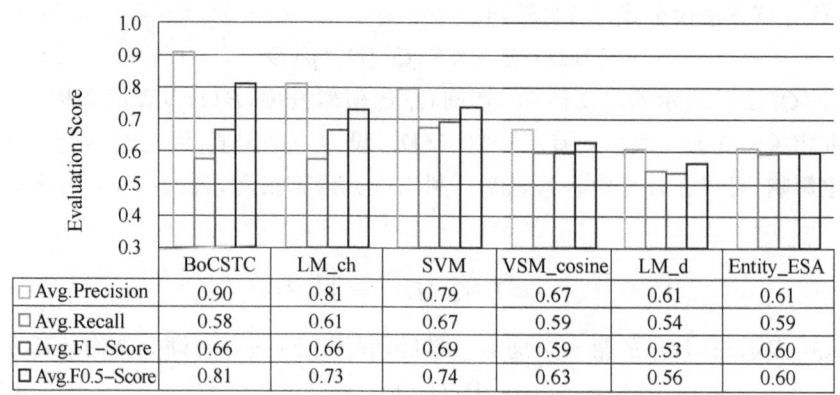

图 2-3　各算法在查询分类中的表现

（2）具体来看，LM_{ch}、SVM 和 VSM 均使用了查询扩展，只有 LM_d 和 Entity_ESA 没有。从图中可以看出，LM_{ch} 的分类效果明显优于 LM_d，这说明查询扩展在其中起到了非常重要的作用。但查询扩展对于时效性要求较高的在线应用并不适用。BoCSTC 在不利用查询扩展的情况下就能取得与 LM_{ch} 不相上下的综合分类效果（相同的 F_1 值），这表明显示的概念知识在短文本分类中具有重要作用。

（3）Entity_ESA 在此次测评中表现最差。这并不奇怪，虽然它使用了当前语义相似度计算效果较好的 ESA 算法，本质上它仅是一种非常简单的距离向量模型。这从另一个侧面反映了概念向量模型在短文本分类中的效用。实际上，在分类步骤中，BoCSTC 也使用了一种简单的距离计算模型，但通过将词袋向量模型替换为概念向量模型，它在本次实验中取得了最好的分类效果。

图 2-4 所示为各个算法在每一个频道中具体的分类准确率。可以看出 BoCSTC 在财经、音乐和电视剧三个频道内表现得非常不错，准确率高达 95% 以上。但在电影频道上的分类表现并不理想，低于表现最好的 LM_{ch} 近 20 个百分点。这迫使我们对它在音乐频道中的分类结果做了进一步分析。

本节对比了电影频道类别的分类结果，表 2-6 所示为分配到该频道的查询类别来源。可以看出，很多属于音乐频道的查询被误分到了电影频道（55/132），是导致 BoCSTC 在电影频道的分类准确率并不理想的主要原因。这是由于音乐频道和电影频道本身彼此就很相似。事实上，大多数明星都是走多栖发展的演艺道路，比如同时是演员、歌手、主持人或是制片人等。对于比较相似的类别，可以进一步通过调节 BoCSTC 为每一个查询给出的相似度分值来调整在具体类别上的分类准确率。

第 2 章 基于概念知识的 Web 查询分类

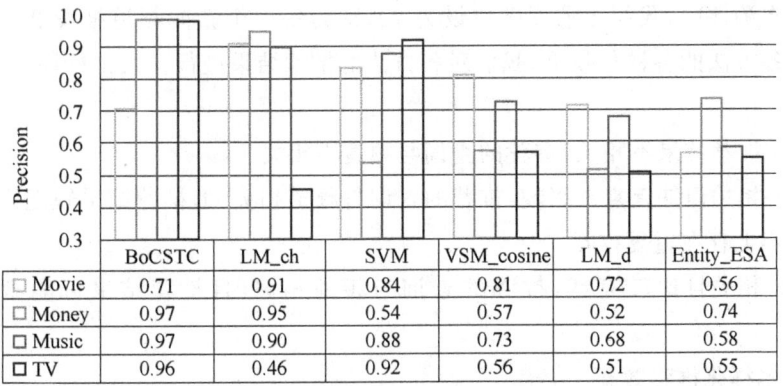

图 2-4　各个频道的分类准确率

表 2-6　判定为音乐频道的查询的实际类别

实际类别	查询个数
Movie	64
TV	13
Music	55
Money	0
总计	132

2.6.3　多样化推荐效果

本小节对 BoCSTC 的多样化排序结果进行了评测。

1. 实验设置

BoCSTC 排序模块的输入是带有相似度得分的查询列表。为说明本书提出的基于概念的查询排序方法的有效性，我们将其与下述几种方法进行了对比。

• LM_{ch}：利用 LM_{ch} 对每一个查询的打分对查询列表进行排序，用以观察 LM_{ch} 模型在分类结果多样化上的表现。

• SVM：该方法为每一个查询赋予了一个概率值，同样地，利用概率值对查询进行排序。

• BoCSTC-Original：该方法直接利用 BoCSTC 赋予每一个查询的相似度得分对查询列表进行排序。

• BoCSTC-PM2[29]：该方法在 BoCSTC-Original 基础上增加了多样化处理，是 BoCSTC 多样化排序模块的核心部分。给定查询列表，我们利用 PM-2 算法[公式(2-10)]对查询进行重排序。

此次测评中,我们将推荐席位设为 20,即为每一个新闻频道推荐 20 个查询。为查看各方法的多样化效果,我们对各方法的推荐结果进行了人工标注,标注规则如下:

- 0-推荐结果不相关:推荐的查询与频道不相关。
- 1-相关但缺乏点击兴趣:推荐的查询与频道相关,但推荐结果缺乏点击兴趣或在内容上存在重复推荐。
- 2-相关且比较有趣:推荐的查询与频道相关,且推荐结果可能激发用户点击。

2. 多样化推荐效果

实验使用 nDCG 作为评测指标。注意我们并不知道数据集中的最佳排序方案,即理想情况下的 DCG 值未知。本次实验将 DCG 设置为所有可能的最高值,具体计算法如公式(2-17)所示:

$$iDCG@k = rel_{ideal} + \sum_{i=2}^{k} \frac{rel_{ideal}}{\log_2 i} \tag{2-17}$$

式中,rel_{ideal} 表示最理想的标注结果,在本次实验中取值为 2。测评结果如图 2-5 所示,这里将所提出的改进的 PM-2 算法记为 BoCSTC-PM2+,该方法在子话题多样性的基础上同时考虑了推荐列表词项的多样性。

从图 2-5 中可以看出,相较于基于相似度的排序方法 BoCSTC-Origina,PM-2 多样化算法能够有效提高查询推荐的多样化效果,在财经、电视剧、音乐和电影四个频道上分别提升了 8.4%、11.7%、4.9%和 14.6%。BoCSTC-PM2+在此次多样化推荐的实验中表现最佳,各频道上的平均多样化效果进一步提升了约 2.3%。这表明本书所提出的考虑了词项多样性的排序算法有效。

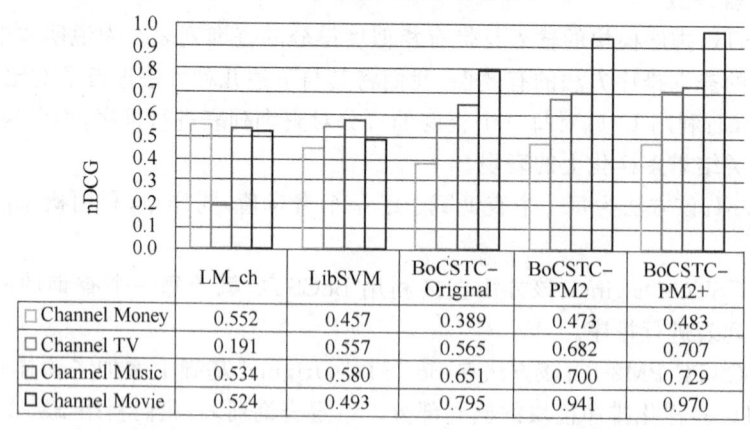

	LM_ch	LibSVM	BoCSTC-Original	BoCSTC-PM2	BoCSTC-PM2+
☐ Channel Money	0.552	0.457	0.389	0.473	0.483
☐ Channel TV	0.191	0.557	0.565	0.682	0.707
☐ Channel Music	0.534	0.580	0.651	0.700	0.729
☐ Channel Movie	0.524	0.493	0.795	0.941	0.970

图 2-5 不同算法在四个频道上的多样化推荐结果

第 2 章 基于概念知识的 Web 查询分类

此外,本书所提出的多样性排序算法明显优于 LM_{ch} 和 SVM,nDCG 指标平均提升了 10 个百分点。值得注意的是在财经频道(Money)上,各个排序算法的表现都不好,最好的多样化推荐结果仅为 LM_{ch} 的 55.2%。对财经频道的推荐结果做进一步分析后,可以发现推荐结果令人不满意主要有两方面的原因。一方面,大部分候选推荐查询都属 Bank 这一子话题,在话题层面较为单一,因此基于子话题多样性的多样化推荐算法不能取得较好的推荐效果;另一方面,实体识别步骤引入了噪声,以"property brothers"为例,基于 Probase 实体字典匹配的方法没能正确识别出它是一个电视剧,而是错误地识别出"property"和"brothers"两个实体,因而误将其分配到财经类别。

3. 推荐样例分析

表 2-7 所示为 BoCSTC、LM_{ch} 和 SVM 在四个频道上的查询推荐样例,分别是各算法为每一个频道推荐的前 5 个查询。注意由于页面排版限制,在不影响分析结果的情况下,本书对部分长查询使用省略号进行了截取。

表 2-7 BoCSTC、LM_{ch} 和 SVM 为各频道推荐的前 5 个查询

频道	BoCSTC	LM_{ch}	SVM
Movie	tom hanks rita wilson bosom … lindsay lohan as elizabeth taylor christian bale gets choked up emma watson 2012 george clooney dated lucy liu	2012 mtv movie awards … depp movie awards film composer morricone prometheus review watch men in black 3	dark night rises jonny depp prometheus review titanic movie avengers trailer
Music	elton john worries lady gaga the temptations madonna nazi image sara lownds dylan and bob dylan faith hill tim mcgraw married for …	donna summer funeral music youtube chris brown music mtv music videos beyonce music	carly simon donna summer funeral elton john worries lady gaga paul simon elton john lady gaga health
TV	today show recipes teen mom sentenced news channel 8 mtv music videos master chef 2012	yolanda adams morning show yard crashers world trade center workaholics season 3 words with friends cheats	secret life of the american … american horror story … canceled shows 2012 make it or break it master chef 2012
Money	comercia wed banking neighbors credit union in unemployment morgan stanley clientserv chase credit cards	national grid online bill pay stock market plunge union first market bank small business marketing bad company	ally financial gmac astoria federal savings central bank chargeback it commerce bank online

传统的文本分类器很难同时满足多样化排序的需求。从 SVM 给出的查询推荐结果可以看出，直接使用查询的分类得分很难取得理想的查询多样化效果。例如，在电影频道(Movie)中，根据 SVM 分类得分将"jonny depp"排在了第二位，"depp movie Awards"却没有排在前 5，后者提供了更多的额外信息，因而更可能引起用户的点击兴趣。对于 LM_{ch}，虽然它能将很相关的查询推荐给各个频道，但它所推荐的内容较为单一。例如，在为音乐频道推荐的前 5 个查询中，"music youtube""chris brown music"和"beyonce music"都出现"music"，不利于用户体验。

相对而言，BoCSTC 所推荐的查询更有意思，尤其是为电影和音乐频道推荐的内容。这是因为所推荐的内容涵盖了对应频道所包含的大多数子话题，即在话题层面具有多样性。同时，反映出更多子话题的查询因信息含量大，更可能激发用户的点击兴趣。此外，BoCSTC 在推荐中考虑了字面多样性，避免了不同子话题下同一词项的反复出现，一定程度上增强了用户体验。所提方法已实际应用于 MSN 新闻频道的查询推荐，图 2-6 所示为 MSN 生活频道的查询推荐效果截图。

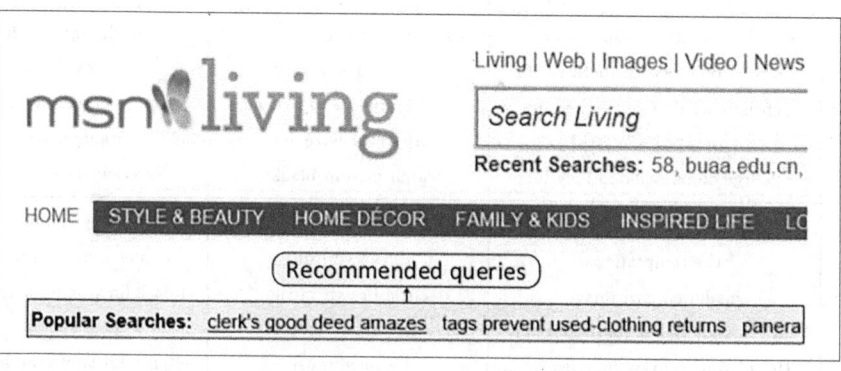

图 2-6　MSN 生活频道(Living)的查询推荐效果截图

❖ 本 章 小 结 ❖

本章提出了一种新的基于概念的短文本分类与排序方法。与已有短文本分类方法相比，所提方法具有两方面的优势：首先，它从概念层面计算短文本之间的语义相似度，减少了字面不匹配所带来的问题；其次，它只需要较少的训练文本即可为各个类别学习概念模型。这两项优势使得所提方法适用于具有快速学习和词变化适应性需求的在线轻量级应用。此外，基于概念的本书表示直观且易于理解，方便对模型进行调整。本章通过一个真实的在线应用——面向新闻频道的查询推荐,论证了所提方法的有效性。实验结果表明所提方法具有较好的分类准确率,同时在多样化推荐中也有不俗的表现。

◆ 本章参考文献 ◆

[1] Aggarwal C C, Zhai C. Mining text data[M]. Springer, 2012.

[2] Sun A. Short text classifification using very few words[A]. SIGIR[C]. ACM, 2012: 1145-1146.

[3] Shen D, Pan R, Sun J T, et al. Q2C@UST: our winning solution to query classifification in KDDCUP 2005[J]. SIGKDD, 2005, 7(2):100-110.

[4] Dai H K, Zhao L, Nie Z, et al. Detecting online commercial intention (OCI)[A]. WWW[C], 2006.

[5] Shen D, Sun J T, Yang Q, et al. Building bridges for web query classifification[A].SIGIR[C], 2006.

[6] Li Y, McLean D, Bandar Z A, et al. Sentence similarity based on semantic nets and corpus statistics[J]. TKDE, 2006, 18(8):1138-1150.

[7] Phan X H, Nguyen L M, Horiguchi S. Learning to classify short and sparse text & web with hidden topics from large-scale data collections[A]. WWW[C], 2008.

[8] Sahlgren M, Coster R. Using bag-of-concepts to improve the performance of support vector machines in text categorization[A]. COLING[C]. ACL, 2004: 487.

[9] Huang L. Concept-based text clustering[D]. The University of Waikato, 2011.

[10] Gabrilovich E, Markovitch S. Overcoming the brittleness bottleneck using Wikipedia: Enhancing text categorization with encyclopedic knowledge [A]. AAAI[C], 2006.

[11] Song Y, Wang H, Wang Z, et al. Short text conceptualization using a probabilistic knowledgebase [A]. IJCAI [C]. AAAI Press, 2011: 2330-2336.

[12] Hu X, Sun N, Zhang C, et al. Exploiting internal and external semantics for the clustering of short texts using world knowledge[A]. CIKM[C]. ACM, 2009: 919-928.

[13] Chen M, Jin X, Shen D. Short text classification improved by learning multi-granularity topics[A]. IJCAI[C]. AAAI Press, 2011: 1776-1781.

[14] Wang P, Xu B, Xu J, et al. Semantic expansion using word embedding clustering and convolutional neural network for improving short text classifification[J]. Neurocomputing, 2016, 174(PB): 806-814.

[15] Zhang H, Zhong G. Improving short text classifification by learning vector representations of both words and hidden topics[J]. Knowledge-Based Systems, 2016, 102: 76-86.

[16] Yu Z, Wang H, Lin X, et al. Understanding short texts through semantic enrichment and hashing[A]. IEEE International Conference on Data Engineering[C], 2016: 1552-1553.

[17] Zhang Z, Nasraoui O. Mining search engine query logs for query recommendation[A]. WWW[C], 2006: 1039-1040.

[18] Craswell N, Szummer M. Random walks on the click graph[A]. SIGIR[C]. ACM, 2007: 239-246.

[19] Baeza-Yates R, Hurtado C, Mendoza M. Query recommendation using query logs in search engines[A]. EDBT[C]. Springer, 2005: 588-596.

[20] Szpektor I, Gionis A, Maarek Y. Improving recommendation for long-tail queries via templates[A]. WWW[C]. ACM, 2011: 47-56.

[21] Feild H, Allan J. Task-aware query recommendation[A]. SIGIR[C]. ACM, 2013: 83-92.

[22] Anagnostopoulos A, Becchetti L, Castillo C, et al. An optimization framework for query recommendation[A]. WSDM[C]. ACM, 2010: 161-170.

[23] Bordino I, De Francisci Morales G, Weber I, et al. From machu picchu to rafting the urubamba river: anticipating information needs via the entity-query graph[A]. WSDM[C]. ACM, 2013: 275-284.

[24] Wu W, Li H, Wang H, et al. Probase: A probabilistic taxonomy for text understanding[A]. SIGMOD[C]. ACM, 2012: 481-492.

[25] Hearst M A. Automatic Acquisition of Hyponyms from Large Text[J]. 1992: 539-545.

[26] Li P, Wang H, Zhu K Q, et al. Computing term similarity by large probabilistic isA knowledge[A]. CIKM[C]. ACM, 2013: 1401-1410.

[27] Wang Z, Zhao K, Wang H, et al. Query understanding through knowledge-based conceptualization[A]. International Conference on Artifificial Intelligence[C], 2015: 3264-3270.

[28] Hua W, Wang Z, Wang H, et al. Understand Short Texts by Harvesting and Analyzing Semantic Knowledge[J]. IEEE Transactions on Knowledge and Data Engineering, 2017: 499-512.

[29] Dang V, Croft W B. Diversity by proportionality: an election-based approach to search result diversi-fification[A]. SIGIR[C]. ACM, 2012: 65-74.

[30] Li R, Kao B, Bi B, et al. DQR: a probabilistic approach to diversififfied query recommendation[A]. CIKM[C]. ACM, 2012: 16-25.

[31] He J, Hollink V, Vries A. Combining implicit and explicit topic representations for result diversifification[A]. SIGIR[C]. ACM, 2012: 851-860.

[32] Croft W B, Bendersky M, Li H, et al. Query representation and understanding workshop[A]. SIGIR Forum[C], 2010: 48-53.

[33] Beitzel S M, Jensen E C, Frieder O, et al. Improving automatic query classifification via semisupervised learning[A]. ICDM[C], 2005.

[34] Li X, Wang Y Y, Acero A. Learning query intent from regularized click graphs[A]. SIGIR[C], 2008.

[35] Gabrilovich E, Markovitch S. Computing Semantic Relatedness Using Wikipedia-based Explicit Semantic Analysis[A]. IJCAI[C], 2007: 1606-1611.

[36] Yeh E, Ramage D, Manning C D, et al. WikiWalk: random walks on Wikipedia for semantic relatedness[A]. ACL Workshop[C]. ACL, 2009: 41-49.

[37] Salton G, Wong A, Yang C S. A vector space model for automatic indexing[J]. Communications of the ACM, 1975.

[38] Song F, Croft W B. A general language model for information retrieval [A]. CIKM[C]. ACM, 1999: 316-321.

[39] Cortes C, Vapnik V. Support-vector networks[J]. Machine learning, 1995, 20(3):273-297.

[40] Chang C C, Lin C J. LIBSVM: a library for support vector machines[J]. TIST, 2011, 2(3):27.

[41] Zhai C, Lafffferty J. A study of smoothing methods for language models applied to ad hoc information retrieval[A]. SIGIR[C]. ACM, 2001: 334-342.

第 3 章

基于概念知识的 Web 查询理解

◆ 3.1 介绍 ◆

理解用户的搜索意图或信息需求作为查询的基础,长期以来被认为是有效信息检索的关键[1]。这是因为搜索查询通常很短,并且不符合书面语言的语法规范。例如,要找到"哪里可以买到流行的 iphone 5 智能保护壳",用户可以简单地搜索"流行的 iphone 5 智能保护壳"。已有研究工作大都集中在查询意图分类任务[2-4],其目标是根据预定义的搜索意图类来对查询进行分类,从意图类别的角度理解查询。该任务在确定某个查询是否可以由特定的数据来源回答时具有重要意义。例如,确定"smart cover iphone 5"这一查询包含产品意图,从而触发产品搜索,返回给用户相关的产品搜索结果,另一查询"Seattle hotel jobs"则不应该返回关乎产品的搜索结果。然而,假设可以得到语义意图类,例如查找电子产品,搜索引擎可能仍然无法理解用户想要的是"smart cover",而不是"iphone 5"。这是因为:①当前的搜索引擎仍然是基于关键词的,无法理解查询中的语义信息;②可能没有足够的点击率特征来表明用户对这类查询的真正意图。

图 3-1(a)和图 3-1(b)所示为主流搜索引擎的两个真实搜索样例。谷歌和 Bing 都没能识别用户是在寻找三星"Samsung Galaxy S6"上的"angry birds"应用程序,而不是三星智能手机。

由此可知,相对于查询意图类别识别,进一步理解查询中哪些是搜索中心词(head),哪些是描述中心词的修饰词(modifier),对于辅助搜索引擎返回精准查询结果具有重要意义。本书中的中心词和修饰词的关系,类似于中文语法中的中心

第 3 章 基于概念知识的 Web 查询理解

（a）在谷歌中搜索"Samsung Galaxy s6 angry birds"

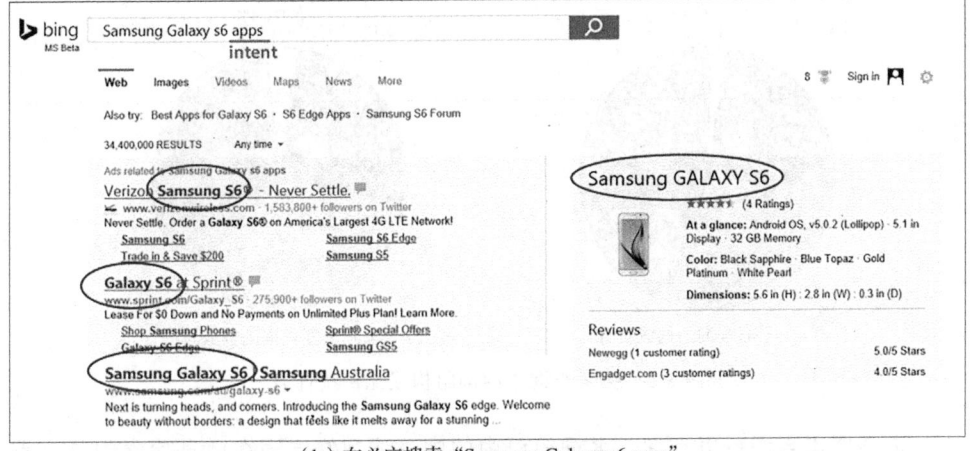

（b）在必应搜索"Samsung Galaxy s6 apps"

图 3-1　搜索引擎无法从语义上理解用户的真实查询意图的搜索样例

语和定语之间的关系。搜索查询由 head 和 modifier 组成，其中 head 代表真实的查询意图，而 modifier 是限定意图的修饰词。以搜索查询"popular smart cover for iphone 5"为例。该查询由三个部分组成："popular""iphone 5"和"smart cover"。很明显该查询是要找"smart cover"，"smart cover"是搜索查询的中心词（head），"popular"和"iphone 5"是中心词（head）的修饰词。而且不同修饰词在查询中的作用也不尽相同。在上述例子中，与更主观的"popular"相比，"iphone 5"以更具体的方式限制了查询意图。对于一个搜索查询，可以在不改变查询意图的情况下，去掉修饰符"popular",但去掉"iphone 5"则很可能会带来很多不相关的结果。本书将"iphone 5"这类具有明确修饰范围的修饰词称为限定修饰词(constraint modifiers),将"popular"称为非限定修饰词(non-constraint modifiers)。

通常,一个查询至少包含一个中心词(head),可以不包含修饰词也可以包含多个修饰词(modifier)。本节分析了 Bing 搜索引擎一周的搜索记录(从 2012 年 7 月 25 日到 2012 年 7 月 31 日),使用 Freebase[5,6] 和 Probase[7,8] 中的所有词汇作为词表,用以识别搜索查询的词组构成。如图 3-2 所示,大约 56% 的查询由两个或两个以上的词组构成(每个词组可能包含多个单词)。如果不考虑重复的查询,这个比例会上升到 90%。这意味着检测查询词组,并识别哪些是查询中心词和修饰词对于理解搜索查询具有重要意义。查询可以包含多个中心词。这种情况下查询中的多个中心词通常属于同一个类别。例如,在查询"iphone 5s vs galaxy s5"中,有两个中心词"iphone 5s"和"galaxy s5",它们都属于智能手机的类别。因此,可以很容易检测出有多个中心词的情况。在本书中,重点关注仅有一个中心词的查询理解。在具体讨论中,使用包含一个中心词和一个修饰词的例子。

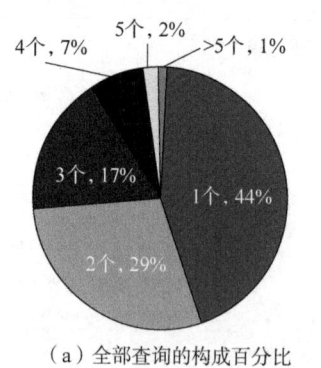

(a) 全部查询的构成百分比　　(b) 去除重复查询的构成百分比

图 3-2　搜索查询中的词组构成比例统计表

本书聚焦名词短语查询。名词短语中的中心词和修饰词在信息检索中具有重要作用[9]。此外,识别搜索查询的中心词和修饰词还可以帮助许多 IR 应用程序[9,10]。例如,理解每个查询组件的语义角色(head/modifier),就可以将查询重构为结构化的组织形式,或者为结构化信息检索项进行重新加权[11-13]。此外,中心词和修饰词的关联知识也可用于短文本相似度计算,如搜索引擎中的广告匹配。

识别查询的中心词和修饰词是一项具有挑战性的任务,因为搜索查询通常不遵守书面语法规范,传统的基于文法规则的自然语言处理技术并不适用。例如,一个简单的 NLP 规则:在一个名词短语中最后一个名词通常是中心词。但在"popular smart cover iphone 5"这个查询中,并不成立。Bendersky 等人[14]开发了一种基于加强统计的方法来对查询中的词项进行排序。该方法需要大量的标注语

第3章 基于概念知识的 Web 查询理解

料库。此外,它更关心的是如何对查询词进行加权,识别不同词项的重要性,而不是检测出查询的中心词和修饰词。其他一些研究工作试图通过将输入匹配到特定领域中常见的模板来推断查询意图[10,15]。也有一些研究工作挖掘实体-属性关系[16-18],其性能取决于为每个域选择的种子实体-属性对。目前还没有关于识别查询中心词和修饰词的工作。

相比之下,人类擅长从嘈杂、模糊和稀疏的文本中理解语义。人类通过利用头脑中的知识来理解问题,这些知识可以看作是对文本的扩展,从而辅助语义理解。例如,给定查询"popular smart cover iphone 5",人能知道"smart cover"是一种手机配件,而且"iphone 5"是一款智能手机。根据以上知识,人们就能推断查询要找的就是"iphone 5"的"smart cover"。从这个角度来看,为了让机器理解用户查询,需要向机器提供这样的知识,用以填补用户查询和机器理解之间的代沟。具体来说,机器需要的开放领域知识包括:

(1) 实体间的 head-modifier 关系。当"smart cover"和"iphone 5"同时出现时,无论顺序如何,一般来讲"smart cover"是中心词,"iphone 5"是修饰词。

(2) 概念知识。"smart cover"是一种手机配件,"iphone 5"是一款智能手机。

(3) 概念间的 head-modifier 关系。当一个配件和一个设备同时出现时,设备通常是修饰词,配件是中心词。

基于上述理解和观察,本书提出一种基于规则的 head-modifier 检测方法。首先从大量的实体 head-modifier 关系中提取概念 head-modifier 关系。本书将概念 head-modifier 关系模式形式化定义为 (concept$_{[h]}$, concept$_{[m]}$, score),例如 (accessary$_{[h]}$, device$_{[m]}$, 0.9),这一关系模式表明当一个 accessary 和一个 device 同时出现在一个查询中, accessary 是中心词同时 device 是修饰词的概率为 90%(得分为 0.9)。有了这些知识,对于给定搜索查询,首先判定知识库中的哪些模式与输入匹配,然后利用概念模式及得分推断出查询中最有可能的中心词和修饰词。

为实现上述方法,首先需要解决概念模式冲突问题。如果概念模式存冲突,即可能有一个模式表明 device 是 head, accessary 是 modifier,而另一个模式却恰恰相反。这就使得概念模式存在语义歧义,机器难以判断应该采用那种模式进行检测。通过观察我们发现造成冲突有两个主要原因,如表 3-1 所示。

表 3-1 两种冲突原因的例子

冲突类型	查询	概念模式
conflict instance pairs	camera for laptop laptop with camera	(accessary$_{[h]}$, device$_{[m]}$) (device$_{[h]}$, accessary$_{[m]}$)
conflict in conceptualization	cover for ipad laptop with camera	(accessary$_{[h]}$, device$_{[m]}$) (device$_{[h]}$, accessary$_{[m]}$)

(1) 实体 head-modifier 关系的冲突导致概念模式语义冲突。例如，在"camera for laptop"中，"camera"是中心词，"laptop"是修饰词，但在"laptop with camera"中却正好相反，由此产生了两个语义冲突的概念模式（accessary$_{[h]}$，device$_{[m]}$）and （device$_{[h]}$，accessary$_{[m]}$）。

(2) 从实体到概念的映射导致概念模式语义冲突。一个概念可以包含多种实体。例如，在查询"cover for ipad"中"cover"一种配件，得到配件中心词，但在查询"laptop with camera"中"camera"也可以是一种配件，但却是修饰词。由此得到配件既是中心词也是修饰词，从而引发语义冲突。因此，需要设计一个复杂的检测过程来处理冲突模式。

此外，还需要有足够多的实体和概念知识，以便提升方法的普适性。还有一个问题，正如前文所述，修饰词可以分为限定修饰词和非限定修饰词。下面需要进一步识别哪些是限定修饰词、哪些是非限定修饰词。直觉上，非限定修饰词是主观术语，比如"最好的""顶尖的""众所周知的""流行的"等，具有领域独立性。利用这一特点，这里设计了一种从知识库中利用概念层级关系挖掘限定修饰词和非限定修饰词的方法。

本书所提出的 Web 查询中心词和修饰词检测方法，是一种面向开放域查询、无监督的方法，利用大规模知识库从海量的查询日志数据中挖掘概念模式知识库，在此基础上精细化设计中心词和修饰词检测方法，实验表明所提方法在检测实验中具有良好的性能（准确率达 90%），并且所提方法已实际应用于搜索相关性和广告匹配。

3.2 总体框架

本节重点介绍所提方法的总体框架以及本书所使用的分类学知识库。

3.2.1 框架

如图 3-3 所示，所提方法主要包含三个部分。

(1) 挖掘非限定修饰词（离线）

如前所述，修饰词分有两个类别：限定修饰词和非限定修饰词。通过构造一个修饰词网络挖掘常见的非约限定修饰词。举例说明，从"large developed country""developed country"和"country"中，可以派生出修饰词"large"和"developed"。在网络中,节点表示主题概念,比如国家,也可以表示修饰词,比如发达;边表示修饰关系。非限定修饰词可以通过图论中一种被称为中介性核心性(betweenness centrality)的度量方式进行检测。具体方法详见3.3节。

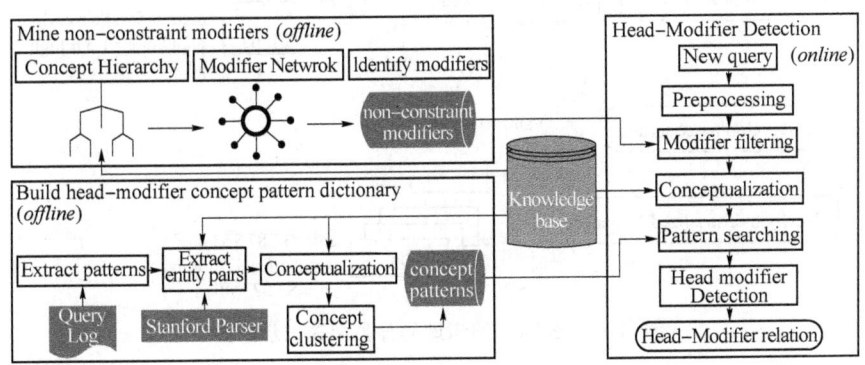

图 3-3 搜索查询中中心词修饰符检测框架

(2) 构建概念模式知识库(离线)

本书利用大规模分类学知识库,从海量查询日志中首先挖掘实体级别的中心词-限定性修饰词关系,如(race game$_{[h]}$, mac$_{[m]}$),然后通过分类学知识将实体映射到概念,从而得到概念模式,如(game$_{[h]}$, computer$_{[m]}$)。具体细节会在第3.4节中进行介绍。

(3) 中心词/修饰词检测(在线),这一过程与查询标注任务类似,对于给定查询对查询词项进行标注,检测出哪些是中心词哪些是修饰词。首先根据挖掘到的非限定修饰词集,识别并删除其中的非限定修饰词,然后构建实体中心词-修饰词关系候选集,最后利用概念模式知识和概念化方法,将这些候选对匹配到概念级别的主题词-修饰词模式。具体细节会在第3.5节开展讨论。

3.2.2 大规模分类学知识库

这里需要一个分类法知识库来将实体级别的修饰关系"提升"到概念级。在本书中,使用Probase[7]数据库中的isA分类学知识[7]来实现。Probase是一个庞大的包含多种词汇语义关系的网络知识图谱。图3-4所示为其中的分类学知识示意图,它由概念(如新兴市场)、实体(如中国)、属性与价值(如中国的人口是13亿)和关系(如新兴市场作为一个概念,与新兴工业化国家密切相关)组成。它提供了一个大规模的概念空间,本书使用的Probase版本包含270万个概念和4千万个实体。详细介绍请见本书第2.3节预备知识。

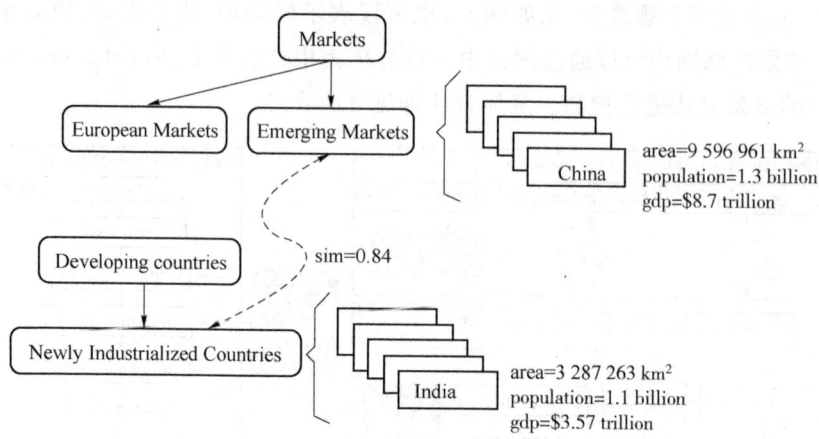

图 3-4　Probase 知识库的分类学知识示意图

3.3　意图停用词表

本节介绍非限定修饰词挖掘。根据自然语言中的定语在前中心语在后的语法规则[20]，给定"large developed country"和"developed country"，可以推断出"large"是一个非限定修饰语。但存在特殊情况，例如，"hot"并不是"hot dog"的非限定修饰词。观察发现"狗"属于动物概念，而"热狗"属于零食或快餐概念。因此，本书利用概念域或概念聚类中进行纯修饰符检测[19]。此外，我们观察到左边的修饰语比右边的修饰语更有可能是一个非限定修饰语。例如，人们通常说"cheap red shoe"而不是"red cheap shoe"。

基于上述考虑，本书使用 Probase 挖掘非约束修饰此。如图 3-5 所示，通过一个例子说明挖掘过程。考虑图 3-5(a)中的概念层次，该图是表示国家的概念层次关系，其中每个节点都是一个概念，每条边都用父概念上的修饰词标记。然后将图 3-5(a)转换为图 3-5(b)。这首先通过保持根节点概念不变，并将边转换为节点来实现。具有相同标签的边被映射到一个节点，称之为"修饰词网络"。

然后在这些修饰词网络中，需要对这些节点进行排序打分，按一定阈值取得分高者为非限定性修饰词。一般而言，非限定修饰词具有上下文无关和领域无关等特性，而中心词和限定性修饰词对上下文具有较强的依赖性，这意味着同一个词在有些时候是主题词，在另一些时候可能是限定性修饰词。因此，中心词和限定性修饰词有可能是一些修饰词网络中的中间顶点，而非限定性修饰词则通常是底层节点。这使得非限定性修饰词有较低的核心性（centrality）。在网络结构中，度

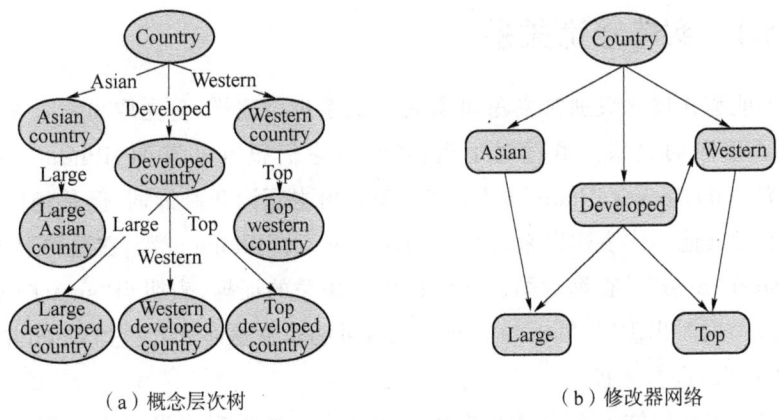

(a) 概念层次树   (b) 修改器网络

图 3-5 挖掘非约束修改器

(degree)和中介性(betweenness)是衡量一个结点核心性的方法。相比于基于度的方法,中介性核心性可以基于途径通过性,全局地衡量一个结点的核心性。因此,本章使用中介性核心性来决定一个修饰词是不是一个非限定性修饰词。节点 v 的中介性核心性定义为

$$g(v) = \sum_{s \neq v \neq t} \frac{\sigma_{st}(v)}{\sigma_{st}} \tag{3-1}$$

式中,σ_{st} 是从顶点 s 到顶点 t 的最短路径总数,$\sigma_{st}(v)$ 是这些路径中通过顶点 v 的路径数量,本章为每一个概念域[19]构建一个修饰词网络,并对中介性核心性再进行规范化:

$$\mathrm{NL}(g(v)) = \log \frac{g(v) - m(g)}{m(g) - m(g)} \tag{3-2}$$

然后将所有修改词网络进行聚合,得到非限定修改词得分 $\mathrm{PMS}(t)$:

$$\mathrm{PMS}(t) = \sum \mathrm{NL}(g(t)) \tag{3-3}$$

最后,为所有修饰词网络中的每一个词都计算一个纯修饰词分数值,然后将它们按照此分数值进行排序。一个词的分数值越小,那么这个词越有可能是一个非限定性修饰词。

3.4 概念模式挖掘

在本节中,将介绍概念模式知识库的构建方法。

3.4.1 实体修饰关系

为了能够在概念级别对主题词-修饰词关系进行建模,首先取得大量实体级别的主题词-修饰词关系。虽然对于机器而言,它们很难从查询"iPhone 5s smart cover"或"smart cover iPhone 5s"中直接识别出主题词和修饰词,但是相同的查询意图会通过其他形式表达出来,如"smart cover for iPhone 5s"。在这种形式中,很显然"smart cover"是查询意图。这就提供了相关的证据,表明当"smart cover"和"iPhone 5s"同时出现时,"smart cover"更有可能是主题词,即使它们之间并没有使用介词"for"来进行连接。

介词在识别修饰关系中具有重要作用[20,21]。通过观察发现当介词"for""of" "with""in""on""at"用来连接两个已知的术语 A 和 B 时,通常是 A 是中心词,B 是修饰语。因此,我们使用以下语法模式从查询日志中提取(A, B)实体关系:

$$\{head[for|of|with|in|on|at] \text{ modifier}\}$$

为了保证实体提取的准备性,我们使用 Probase 作为字典,即关系两端必须是 Probase 中的实体或概念。虽然 Probase 数据库规模庞大,但仍会存在不包含在内的实体概念。这一实体覆盖度问题,在概念化"升级"阶段会得到很大程度改善。

在使用上面描述的语法模式来实体修饰关系存在一个严重的问题。如介绍所言,实体修饰关系存在语义冲突。分析原因有两个:

(1) 由于用户输入的随意性,基于介词的识别存在例外。例如,查询日志中同时存在"cover For ipad"和"ipad For cover",这就导致了一对冲突(cover$_{[h]}$, ipad$_{[m]}$)和(ipad$_{[h]}$, cover$_{[m]}$)。本书将由同一介词标识引发的冲突定义为内部介词冲突。

(2) 相同的两个实例可以用不同的介词连接,表达不同的搜索意图。例如, "built-in camera on laptop"和"laptop with built-in camera",一个是搜索 "camera",另一个是搜索"laptop"。这种由不同介词所导致的冲突在本书中称为外部介词冲突,如由介词 on 和 with 派生出的冲突对位(camera$_{[h]}$, laptop$_{[m]}$)和(laptop$_{[h]}$, camera$_{[m]}$)。

本书基于 bing 搜索引擎 6 个月的查询日志,在实体修饰关系中调查语义冲突比率($r_c = \frac{\text{number of conflict pairs}}{\text{total number of pairs}}$)。结果如表 3-2 所示。可以看到,冲突的比例非常低。删除这些冲突是最简单的方法,但可能会增加概念模式的偏见,降低其普适性。

第 3 章 基于概念知识的 Web 查询理解

表 3-2 实体修饰关系中语义冲突的百分比

冲突类型	介词	冲突比例(%)
inner preposition conflict	"for"	≈0.049
	"with"	≈0.009
outer preposition conflict	"for" vs. "with"	≤0.011

从表 3-3(a)可以看出,介词内部冲突的频率差距非常大。"ipad for cover"查询很少出现在查询日志中,"laptop for camera"查询也很少出现。这些罕见的查询在逻辑上是不可能的。因此,可以省略这些罕见的查询来解决内部介词冲突。至于外部介词冲突,如表 3-3(b)所示,不能简单地忽略其中一对冲突而保留另一对冲突,因为它们都是合法有效的查询。

表 3-3 查询日志中实体修饰关系语义冲突的频率统计示例

(a) 介词内部冲突

冲突查询	频次
cover for ipad	2381
ipad for cover	1
camera for laptop	308
laptop for camera	12

(b) 外部介词冲突

冲突查询	频次
camera for laptop	308
laptop with camera	302
smartboard for ipad	31
ipad with smartboard	91

基于上述观察,本节提出保留这些外部介词冲突,并通过使用所有已识别的实体修饰关系(包括冲突)以概率方式建模修饰关系。这是合理的,因为给定一个带有介词的查询,可以很容易地识别出它的搜索意图,比如"built-in camera on laptop"和"laptop with built-in camera",但如果仅给定"laptop camera",即使是我们人类也很难确切地知道用户想要什么。虽然我们不知道用户到底想要什么,但可以通过历史出现频次模拟概率,得出 90% 的概率(0.9 分)是查找笔记本用的摄像头。

3.4.2 概念修饰关系

本节从挖掘到的实体修饰关系中提取概念修饰关系。出发点基于如下两点考虑。

(1) 实体修饰关系数量庞大,不利于实时在线检测。将实体提升到概念可以大大减少关系数量,因为一个概念可以表示属于同一类别的多个实体。例如,"iphone 5"和"samsung galaxy"都属于设备。

（2）实体修饰关系难以全面覆盖全网数据。需要一种泛化机制，将实体提升到表征能力更强的概念，提升模型泛化能力。例如，从"iphone 5 smart cover"中衍生出概念模式（accessary$_{[h]}$, device$_{[m]}$）后，对于给定新的查询"samsung galaxy smart cover"，也能识别出"samsung galaxy"是修饰词，因为"samsung galaxy"是一个设备。

1. 实体概念映射

由于实体和概念是多对多的关系，且概念也有层级关系，因此实体概念化的原则是双重的。首先，必须避免过于具体的概念，因为具体的概念泛化能力较差。第二，我们必须避免过于笼统的概念，过度概括会导致冲突模式。因此，将实体映射到概念必须同时考虑到一般性和特殊性。本章用示 $C=\{c_1,\cdots,c_n\}$ 表示实体 e 在知识库中所属的概念集合。将 e 映射到这些概念 c_i。$P(c_i|e) \cdot P(e|c_i)$ 概率越大，表明在 Probase 的语义网络中，c_i 和 e 之间的密切性有更强的语料库证据。

使用上述方法直接将实体映射到概念存在一个问题。在 probase 中 e 既可以是实体也可以是个一概念。有时它已经是最合适的概念。例如，如果 $e=$"公司"，上面的方法可能会导致出现"组织"甚至"对象"等非常抽象的概念，容易导致概念模式出现语义冲突。在理想情况下，我们希望保留相对流行的概念，因此，本章使用一个熵的概念作为衡量指标：

$$H(c) = -\sum_{e \text{ is an instance of } c} P(e|c) \log P(e|c) \tag{3-4}$$

如果一个概念包含许多同样流行的实例，那么它的熵就很大。对于这样的概念，一般更喜欢映射到自身。例如，像"设备"这样的概念具有较大的熵值(7.54)，而像"记录设备"这样的概念具有较小的熵值(1.67)。具体来说，当满足如下所有条件是 e 映射到它自己：

（1）e 是一个概念；
（2）对于 e 的任何父概念 $H(e) > H(c)$；
（3）e 的出现频率高于某一阈值（如果 e 是罕见的，$H(e)$ 可能没有意义）。

归纳起来，映射一个实体 e 到一组概念 C 上包括如下情况。如果 e 是一个满足上述条件的概念，则 $C=\{e\} \cup \text{topk-1}(e)$，否则 $C=\text{topk}(e)$。其中，$\text{topk}(e)$ 是使用上述第三种方法所取得的 top-k 个概念。对于任意 $c_i \in C$，它都对应一个分数值 $CS(e,c_i)$：

$$CS(e,c_i) = \begin{cases} 1 & c_i = e \\ P(c_i|e) \cdot P(e|c_i) & c_i \neq e \end{cases} \tag{3-5}$$

2. 修饰关系挖掘

本章基于上一步骤的实体修饰关系和实体概念映射，进一步挖掘概念修饰关系。由于以下两个原因，这一过程存在一些困难：

第3章 基于概念知识的 Web 查询理解

(1) 实体歧义可能修饰关系也存在歧义。例如,术语"苹果"可以被概念化为水果或公司。因此,"CEO for apple"会产生两种可能的概念对:(corporate officer, company)或(corporate officer, fruit)。显然,后者是错误的。

(2) 组合过程中可能存在概念冲突。正如 3.1 节中提到的,冲突的实体修饰关系和实体概念映射都可能导致概念模式冲突。根据 bing 在 6 个月内收集的 1‰ 的查询日志来调查概念级别的冲突比例,如表 3-4 所示,考虑到六个介词所引入的各种冲突,实例级的冲突比例上升到 1% 左右。然后利用所提出的概念映射方法为每个实体选择 top1 的概念。最后,概念层面的冲突比例约为 10%,概念映射后冲突提升了 10 倍。如果我们在概念映射时设置一个更大的 k,这个冲突比例会进一步增加。

表 3-4 冲突比率在概念层面有所上升

冲突级别	总对数	冲突个数	冲突比例
Instance level	575 367	6 019	≈1.04%
Concept level	367 009	37 165	≈10.12%

本章提出针对每个概念修饰关系,对其各种实体级修饰关系进行聚合。对于第一个歧义问题,聚合不同的查询具有消除歧义的能力。例如,有类似的查询,如"CEO for Microsoft"和"CEO for IBM"。两者都支持(corporate officer, company),但不支持(corporate officer, fruit)概念修饰关系。聚合后,由实体歧义引入的错误概念修饰关系支持度较低,可以被过滤掉。对于第二个冲突问题,聚合有助于计算每个冲突修饰关系在数据集中的比例。例如(accessary$_{[h]}$, device$_{[m]}$, 0.9)和(device$_{[h]}$, accessary$_{[m]}$, 0.1)。

具体来说,对于每个实体修饰关系,对其两端的实体进行概念映射。首先将它们以所有可能的方式组合成概念对。获得所有概念修饰关系(c_i, c_j),其中 c_i 为中心概念,c_j 为修饰词概念,然后从所有实体修饰关系中,根据公式(3-6)对每个概念模式进行评分:

$$\text{Score}(c_i, c_j) = \sum_{u,v} \text{CS}(e_u, c_i) \cdot \text{CS}(e_v, c_j) \cdot \log N(e_u, e_v) \quad (3\text{-}6)$$

式中,CS(e,c)是公式(3-5)中定义的 e 映射到 c 的得分,$N(e_u, e_v)$ 是一对(e_u, e_v)的共现频率。取 $N(e_u, e_v)$ 的对数,以防止频率值过大对最终得分产生影响。这可以确保各种实体关系对所支持的概念关系具有更高的分数。最后,针对概念具有相似性的问题,如"国家"和"民族"。Li 等人[19]提出了一种 k-Medoids 聚类算法来对这些概念进行聚类。本章将其聚类结果直接用于聚类概念。

3.5 语义角色标注

本节介绍利用概念修饰关系对给定查询进行修饰角色检测的方法。

3.5.1 实体识别

给定一个查询,首先识别查询中所有我们能识别的实体。通过使用 Probase 作为词典来实习。在查询解析过程中,如果一个词是另一个词的子串(例如,New York 和 New York Times),我们选择最长的词作为识别结果。然后,删除意图停用词(如 3.3 节所述)。对于其余的实体,在语义上群集术语以形成组件,这样每个组件都是包含一个或多个语义相似的词组。这样做出于两点原因。首先,一些查询,如"apple ipad microsoft surface"包含多个中心词(例如,用户想要比较两个产品)。其次,希望减少用于概念化的概念关系候选数量。上例中包含 4 个实体:"apple""ipad""microsoft"和"surface",但只有 2 个实体修饰关系:{apple, microsoft}和{ipad, surface},其中第一个与"company"相关,第二个与"device"相关。可以通过简单的概念和实体的共现来实现[8]。假设剩下 k 个分量。如果 $k=1$,则返回实体作为查询的中心词。下面分别讨论 $k=2$ 和 $k>2$ 的情况。

3.5.2 双实体查询标注

针对仅有 2 个实体构成的查询,例如"smart cover" and "iphone 5",图 3-6 所示为语义角色标注过程。首先将"iPhone 5"映射的概念集合{mobile phone, smart phone, phone, device, ⋯},将"smart cover"映射的概念集合{mobile accessory, accessory, part, ⋯}。每个实体-概念对(e, c_i)与一个分数 $CS(e, c_i)$相关联,由公式(3-5)给出。然后,搜索概念模式知识库,找到匹配项如(accessory, device),每一个匹配项都与公式(3-6)给出的 $Score(c_1, c_2)$相关联。

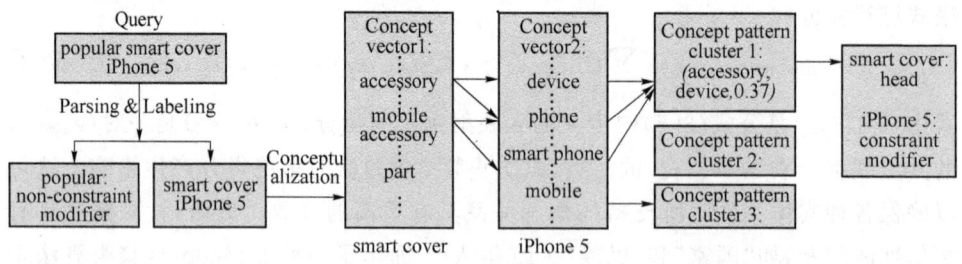

图 3-6 包含 2 个实体的查询语义标注示意图

通过公式(3-7)将这些分数相加来识别对词项进行中心词和修饰词的角色标注。对于两个分量 t_1 和 t_2，如果 $f(t_1,t_2) > f(t_2,t_1)$，那么可以推断 t_1 是中心词，t_2 是修饰词。

$$f(t_1,t_2) = \sum_{c_1,c_2} CS(t_1,c_1) \cdot CS(t_2,c_2) \cdot Score(c_1,c_2) \quad (3-7)$$
$$\text{where } CS(t,c) = \sum_{e_i \in \text{comp}} CS(e_i,c)$$

3.5.3 多实体查询标注

如图 3-2(b) 所示，大量的搜索查询包含两个以上的组件。为了检测中心词，首先使用上一节的标注过程，标注中心词-修饰词之间的任意组合关系。然后，用有向图表示查询，其中节点表示实体，有向边表示实体之间的修饰关系，如图 3-7 所示。边的方向是从修饰词指向中心词。

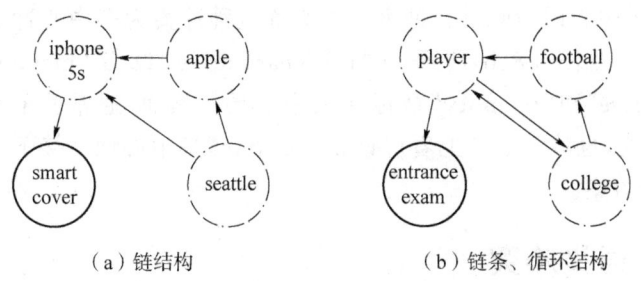

（a）链结构　　　　　　　（b）链条、循环结构

图 3-7　由头部修饰符关系连接的组件

图 3-7 所示为两种典型的图结构。

(1) 链式结构：在有向无环图中，可以发现从一个修饰词到中心词的一条路径。在图 3-7(a) 中，seattle→apple→iphone 5s→smart cover 和 seattle→iphone 5s→smart cover 两种路径描述了一种修改关系序列。

(2) 环式结构：图中存在有向环，如图 3-7(b) 所示。环通常由歧义的中心词引起。在图 3-7(b) 中，可以同时存在 player→college 和 college→player，前者是为了寻找"player"，后者是为了寻找"college"。

对于链式结构，可以很容易地识别出链首作为链的终端节点。对于具有环结构的链，进一步将其分解为两种基本情况：循环结构和树形结构，如图 3-8 所示，下面分别展开分析。

首先，对于循环结构，建议采用以下方法去除循环。如果循环中有一个明显的中心词连接，如图 3-7(b) 所示，则整个循环成为该头部的修饰词。否则，通过删除最弱的边来打破循环，因为每条边都有公式(3-7)给出的权重相关联。例如，图 3-8(a) 中的 college→player 链接是最弱的（它匹配有冲突的模式，两个单词在短文本中并不接近)。去掉循环后,即可知道"player"是中心词,而"college"和"football"是修饰词。

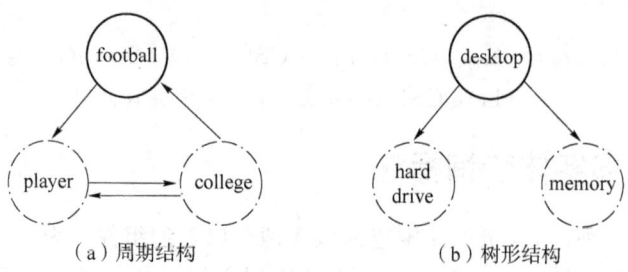

（a）周期结构　　　　　　（b）树形结构

图 3-8　链环结构的两种基本情况

其次,在树形结构中,链可能有不同的终止(叶节点)。这意味着有不止一个中心词,这与一个中心词的假设相冲突。本文称这种冲突为多中心冲突。它经常被由长查询导致。如图 3-8(b)所示,在"1 TB hard drive 128 GB memory desktop"查询中,"hard drive"和"memory"被标注为中心词。然而,通常我们使用"desktop with …"的句式,也就是语义上看应该是"desktop"是中心词。接下来详细讨论多头冲突的解决方案。

3.5.4　语义冲突

直觉来看,在多词长查询中,中心词更有可能被所有的修饰词描述,并且倾向于与所有其他词存在一定关系。以"1 TB hard drive 128 GB memory desktop"为例,"desktop"是真实的查询意图,与"hard drive""memory"具有属性关系。除去一个修饰符,如"hard drive",在查询"128 GB memory desktop"中仍然存在修饰关系。但是,如果去掉中心词"desktop",查询"1 TB hard drive 128 GB memory"中就不存在清晰的修饰关系了,这将导致出现歧义查询。

基于以上观察,本节建议选择概率最大的分量作为中心词。定义实体是中心词的概率为一个乘积,即它被所有其他实体"修饰"的概率。这里使用了一个强假设,即中心词和修饰词之间的关系是相互独立的。形式上,给定查询 $Q=\{t_1,t_2,\cdots,t_n\}$,通过公式(3-8)检测它的中心词 $h \in Q$,其中 $pm(t_i,t_j)$ 表示 t_i 被 t_j 修饰的概率。

$$h = \arg\max_{t_i \in Q} \prod_{t_j \in Q, t_j \neq t_i} pm(t_i, t_j) \tag{3-8}$$

估算 $pm(t_i,t_j)$ 是一项具有挑战性的任务。仅使用本书提出的评分 $f(t_i,t_j)$ [公式(3-7)]是不够的。这可能会引起如图 3-8(b)所示的多头冲突。这是因为多词组查询中的语义通常比较复杂。例如,"hard drive"和"memory"是"desktop"的属性。这些知识并没有在所学的概念模式库中为两个实体设计的标注得分 $f(t_1,t_2)$ 对于多词查询是不够的。因此,建议利用额外的统计信息来估计 $\mathrm{pm}(t_i,t_j)$。

首先从搜索日志中学习具有一定关系的两个分量的先验概率 $\mathrm{pr}(t_i,t_j)$。有如下观察:对于包含两个实例的查询,通常这两个实例有一定的关系。例如,在搜索日志中有许多由"desktop"和"hard drive"组成的查询。但是我们很难找到一个查询仅仅由"memory"和"hard drive"组成。

基于上述观察,将先验概率与修饰关系得分相结合,从多个成分中识别中心词,因为学习的先验概率 $\mathrm{pr}(t_i,t_j)$ 只反映了两个成分具有一定关系的概率,不能明确描述修饰关系。形式上,可以通过公式(3-9)估计 $\mathrm{pm}(t_i,t_j)$:

$$\begin{aligned}\mathrm{pm}(t_i,t_j) &\approx f(t_i,t_j)\times \mathrm{pr}(t_i,t_j) \\ &\approx f(t_i,t_j)\times \frac{c(t_i,t_j)}{\mathcal{N}}\end{aligned} \quad (3\text{-}9)$$

式中,$c(t_i,t_j)$ 是组件 t_i 和 t_j 组成一个查询的次数,$\mathcal{N}$ 表示搜索日志中查询的总次数。

当 $c(t_i,t_j)=0$ 时需要一种平滑方法,因此公式(3-9)的得分为0。在这种情况下,估计 $\mathrm{pr}(t_i,t_j)=\mathrm{pr}(t_i)\times \mathrm{pr}(t_j)$,其中 $\mathrm{pr}(t)\approx \frac{c(t)}{\mathcal{N}}$ 是 t 分量出现在搜索日志中的概率。综上所述,通过公式(3-10)估算 $\mathrm{pm}(t_i,t_j)$。注意,$\mathcal{N}$ 对于每个组件是一致的,所以不会影响公式(3-8)中的排名。

$$\begin{aligned}\mathrm{pm}(t_i,t_j) &\approx \begin{cases} f(t_i,t_j)\times \frac{c(t_i,t_j)}{\mathcal{N}}; & c(t_i,t_j)>0 \\ f(t_i,t_j)\times \frac{c(t_i)c(t_j)}{\mathcal{N}^2}; & c(t_i,t_j)=0 \end{cases} \\ &\propto \begin{cases} f(t_i,t_j)\times c(t_i,t_j); & c(t_i,t_j)>0 \\ f(t_i,t_j)\times \frac{c(t_i)c(t_j)}{\mathcal{N}}; & c(t_i,t_j)=0 \end{cases}\end{aligned} \quad (3\text{-}10)$$

很明显,所提检测方法并不仅仅依赖于单词在查询中的相对位置。这使得它对不严格遵循语法的查询很有用。对于需要匹配两个短文本(例如,查询和广告竞价关键字)应用,可以先匹配标题,然后匹配修饰词,最后使用每个实体的权重来量化相似度匹配结果。

◆ 3.6 实验 ◆

本节主要通过实验验证所提方法的有效性,并通过与已有方法进行比较,讨论所提方法的优缺点。

3.6.1 挖掘意图停用词

根据 3.4 节所提出的方法,从 Probase 数据库挖掘意图停用词。从 270 万个概念中,本书构建了 4 819 个概念层次结构,然后将其转换为 4 819 个修饰词网络。然后,计算每个修饰词网络中的对数归一化介数中心度,并将它们进行聚合从而获得每个修饰词的得分。排名靠前的修饰词如表 3-5 所示。

表 3-5 排名靠前的非限定修饰词

序号	修饰词	序号	修饰词	序号	修饰词	序号	修饰词
1	good	11	popular	21	single	31	high
2	traditional	12	conventional	22	normal	32	suitable
3	common	13	standard	23	second	33	specialty
4	typical	14	local	24	complex	34	so-called
5	great	15	regular	25	famous	35	powerful
6	small	16	basic	26	true	36	minor
7	large	17	big	27	first	37	natural
8	modern	18	classic	28	commercial	38	non
9	simple	19	real	29	strong	39	external
10	well-known	20	key	30	sometimes	40	ordinary

为了衡量所提方法的效果,并确定判断非限定修饰词的最佳阈值,本节使用表 3-6 列出的标准,随机选择并手动标记得分为 0、1 或 2 的 300 个非限定词。

表 3-6 非限定修饰词的手动标注标准

得分	说明	样例
2	always be non-constraint modifier	top,best
1	be non-constraint modifier sometimes	electronic,thermally
0	generally can't be negligible	American,library

随后以对非限定修饰词候选进行分类(例如,pms 在 −1 000 和 −500 之间的实体划分类一个类别)。对于每个区间的实体,计算它们的平均标记分数(0~2)。

结果如图3-9(a)所示,其中x轴表示非限定修饰词的分数间隔,y轴表示每个间隔中实体的平均标记分数。同时使用不同的阈值来测试对实验数据的预测精度。假设分数为2或1的非限定修饰词是正确的,分数为0的是错误的。结果如图3-9(b)所示,适用于排名靠前的非限定修饰词(x轴表示选择的阈值)。本节选择了一个精度大于90%的分数截止点,一共生成800个非限定修饰词,即查询意图停用词。

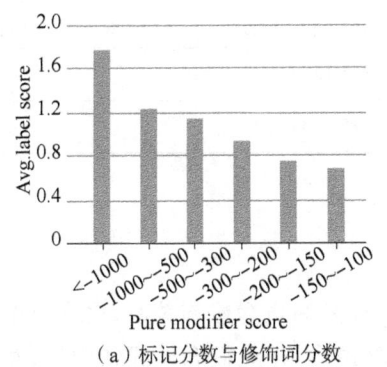

(a)标记分数与修饰词分数

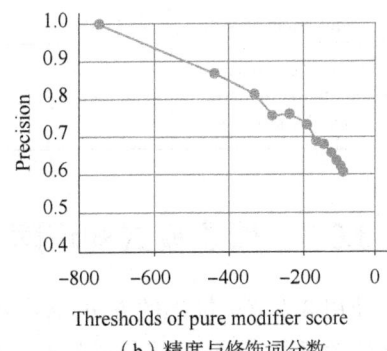

(b)精度与修饰词分数

图3-9 查询意图停用词识别的性能

3.6.2 挖掘实体修饰关系

本小节介绍本书从6个月的bing搜索日志中挖掘实体修饰关系结果,其中查询出现频率小于3的过滤不要。使用第4.1节中描述的语法模式进行挖掘。以"A代表B"模式为例。从308 183 923个不重复查询中,按照"A代表B"模式获得13 368 405个确定性关系。在这些关系中,有3 892 152个不重复的查询,它们的A和B都在Probase中。但在许多情况下,介词for并不表示头修饰语关系。例如,诸如"* for sale"和"search for *"之类的模式经常出现在查询中,在提取的模式中产生大量噪声。虽然概念映射能够自动过滤噪声,但通过删除明显不相关的模式(例如"* for sale")来完成一些简单的清洗,可以节省大力概念映射成本。此外,根据意图停用词表删除了查询中的非限定修饰词。最终获得3 336 475个针对"A for B"模式的不重复查询,得到不重复的实体修饰关系总数为14 144 235个。表3-7对不同语法模式下的数字进行了细分。带有"of""in""for"的模式在所有匹配中所占比例相似,而带有"with""on""at"的模式所占比例较小。

表 3-7 数据集统计

6个月查询日志(频次>3)	A FOR B	A OF B	A WITH B	A IN B	A ON B	A AT B
total # of matches	205 527 614	287 473 958	46 441 556	220 571 952	63 145 259	18 895 978
unique matches	13 368 405	14 189 485	3 420 457	17 276 873	5 032 200	1 458 932
filtered # of matches	120 345 688	211 852 494	29 865 611	151 359 122	40 286 256	11 978 341
filtered unique matches	3 336 475	3 398 661	1 031 810	4 627 184	1 539 772	508 981
unique heads	235 797	149 544	125 149	337 605	167 085	83 560
unique modifiers	253 919	327 001	121 499	166 086	143 703	61 341
Total unique queries			308 183 923			
Total traffic			12 871 641 724			

3.6.3 概念模式知识库

使用 3.4 节中描述的方法,将实体修饰关系提升为概念修饰关系,聚合每个概念修饰关系的得分,并将相似的概念聚类为概念模式,建立概念模式知识库,每个概念模式包含多个概念修饰关系。

表 3-8 概念修饰关系模式个数统计

# of instance level pairs	14 144 235
# of concept level pairs	84 207 802
# of concept level pairs after filtering	386 283
# of concept patterns after clustering	169 966

如表 3-8 所示,从 14 144 235 个实例修饰关系中,获得 8 400 万个概念修饰关系。在某些情况下,概念关系是双向的,即中心词和修饰词存在互换的情况,但几乎总是至少有一个得分很低,另一个得分很高。在实际应用中,本书只保留分数高于 3 的概念修饰关系。最后共提取到 386 283 个概念修饰关系,仅占从日志中挖掘的实例修饰关系的 2.73%。通过利用 k-Medoids 的概念聚类[19],进一步减少到 169 966 个概念修饰关系。最终得到了概念修饰关系的简明模型。表 3-9 所示为一些排序靠前的概念模式。

选择得分最高的作为概念模式的代表。其中 Cluster size 是每个概念模式中概念对的数量。表 3-10 所示为许多不同领域的概念模式,包括"游戏""汽车""健康""食品"等。

第 3 章 基于概念知识的 Web 查询理解

表 3-9 概念模式示例

序号	概念对数量	概念模式 (head, modifier)	概念对示例
1	615	pet, state	dog, state; pet, southern state; pet, team
2	192	home, city	home, city; home, town; home, place
3	143	cheat, game	cheat, title; cheat, video game; cheat, online game
4	124	weather, city	weather, county; weather, urban area; weather, town;
5	110	recipe, dish	recipe, food; recipe, appetizer; recipe, favorite
6	89	coupon, store	coupon, store; coupon, retailer; coupon, business
7	136	antibiotic, infection	drug, infection; antibiotic, illness; antibiotic, virus
8	296	game, platform	game, computer; video game, platform; game, console game pad
9	100	treatment, disease	treatment, disease; treatment, autoimmune disease; treatment, medical problem
10	153	accessory, vehicle	accessory, car; pump, vehicle; optional attachment, truck

表 3-10 所示为从不同语法模式获得的概念模式。观察发现不同的句法模式下概念模式的分布不尽相同。从"for"语法模式中获得的概念模式最为多样(♯个独特的头部概念),覆盖率最高,并且与手动标记的模式数据集更为一致。"of"中的概念模式多样性较小,而"with"中的模式包含"for"遗漏的有价值的模式,可以利用这些模式做的一件有趣的事情,比如给定两个实体,可以预测它们之间的介词。在预测的过程中,可以发现虽然缺少语义,也可以将两个实体组合成一个有意义的搜索查询。

表 3-10 Top 概念模式

for		of		with	
home	city	map	city	movie	celebrity
recipe	dish	picture	celebrity	problem	vehicle
pet	state	university	city	people	disease
cheat	game	cast	movie	state	city
game	platform	song	film	interview	celebrity
coupon	store	player	team	container	lid
antibiotic	infection	diagnosis	illness	job	state
lyrics	song	skill	professional	sport	injury
code	symptom	episode	show	dessert	topping
shoe	women	symptom	disease	food	nutrient

3.6.4 语义标注效果

1. 实验数据

为了评估所提方法的有效性,本书从真实的搜索日志中收集查询,使用"for"语法模式来生成标记数据。在搜索日志中从单独的 6 个月的查询中找到与"for"模式匹配的查询,并将"for"之前的实体标记为中心词,将"for"之后的实体标记为修饰词。去除标记数据中的冲突关系,最终得到了一个高质量、自动标记的实体修饰关系集合:$(A_{[h]}, B_{[m]})$。然后,从所有查询中创建两种类型的测试数据集(无论它是否包含"for"):

(1)对于 2 个实体的查询,此数据集中的查询应包含 A 和 B,其中(A,B)是标记集中的一个条目;

(2)对于 3 个实体的查询,此数据集中的查询应包含 A、B 和 C。最后,得到 6 个用于 2 个实体查询的测试数据集(来自频率大于 5 的 6 个月查询日志和频率大于 5 的 5 个月查询日志),以及 1 个用于 3 个实体的查询测试数据集(来自频率大于 5 的 6 个月查询日志)。

2. 评测指标

针对测量分析的准确性,假设查询的真正中心词和修饰词是 $Q_h = \{t_1^h, t_2^h, \cdots, t_N^h\}$ 和 $Q_m = \{t_1^m, t_2^m, \cdots, t_M^m\}$。如果标记到成分 t 为中心词和 t,则该成分 t 为 $t \in Q_h$ 或一个修饰语和 $t \in Q_m$。如果所有实体标记均正确则这个查询标记是正确的。查询标记的准确性由所有正确查询的总数除以查询总数来衡量。

3. 对双实体查询的标记精度

表 3-11 所示为所提方法在 6 个测试数据集的准确性,所提方法在所有测试数据集中都达到了 90%以上的准确率,这表明本书提出的查询中心词和修饰词语义标注方法取得了较好的测试效果。

表 3-11 测试数据集和标记准确率统计

查询日志 频次>5	6 个月 2013/1—2013/6	1 个月 2013/2	1 个月 2013/3	1 个月 2013/4	1 个月 2013/5	1 个月 2013/6
# queries	434 516 723	36 373 640	35 384 389	28 457 571	27 233 436	31 013 819
# unique queries	3 640 441	408 270	422 397	373 530	374 446	403 792
Accuracy	90.44%	91.90%	91.35%	91.93%	91.74%	91.42%

为了研究所提方法在冲突查询上的性能,本节从搜索日志中选择了 10 个案

例,并招募了 5 名志愿者为每个查询标记中心词和修饰词。为了避免标记中的偏差,通过利用查询点击日志使用另一种统计方法进行标记。直观地说,具有相同意图的查询往往具有相同的单击 URL。因此,对于每个冲突的查询,例如"laptop built-in camera",通过共同单击的 URL 收集其相关查询。然后,从相关查询(例如"camera for laptop")中找到与"for"模式匹配的查询。最后,每个实体的角色由其基于模式的相关查询投票决定。例如,($camera_h$, $laptop_m$)将从"camera for laptop"中获得一票。如表 3-12 所示,志愿者对每个冲突查询中最有可能的中心词有一个普遍的共识。查询点击日志也是如此,这进一步证明了志愿者判断的公正性。虽然在冲突查询中很难准确地知道哪一个是搜索中心意图,但所提方法能够与人类的思维一致地方式进行语义标注。

表 3-12 冲突查询标记结果

查询	志愿者投票	点击日志投票
clothes *women*	5/5	788/790
kids video	4/5	360/405
toys *kids*	5/5	366/370
frosting cupcakes	4/5	266/315
pasta sauce	3/5	87/128
smart cover *ipad*	5/5	71/77
laptop built-in camera	5/5	17/27
built-in cabinets *kitchen*	5/5	23/26
camera *laptop*	4/5	11/15
500 G hd drive *desktop*	5/5	8/11

注:加粗表示中心词,斜体带下画线表明是修饰词。

4. 对多实体查询的标记效果

与双实体查询不同,为多实体查询自动收集大规模高质量的标记数据存在较大困难。因此,本节通过定性评估来研究所提方法在多实体查询中的语义标注性能。从测试数据集中选择 10 个查询用于三实体查询检测。然后,请上述同一批志愿者进行人工标注。表 3-13 所示为所提方法在多实体查询中的标记结果。从表 3-13 中可以看出,在大多数情况下都表现良好。但整体上性能比双实体查询稍差,其中有一个检测错误出现在查询"beachfront Loving myrtle beach",因为在检测中,不仅公式(3-10)中存在先验概率估计误差,所提方法还依赖于可能存在误差的双实体查询检测结果。

表 3-13　三实体查询标记结果

查询	志愿者投票
abercrombie *winter* **cloth**	5/5
red *hat* *server* **hardware**	5/5
business **grants** *for* *women*	5/5
seattle **jobs** *craigslist*	5/5
kids *cooking* **games**	5/5
beachfront *lodging* *myrtle* *beach*	1/5
women seeking *men* **marriage**	5/5
1 TB *hd* *drive* 128 GB *memory* **desktop**	5/5
enlistment *texas* *ww2*	4/5
toyota *headlight* *cover* **cleaner**	5/5

注：加粗表示中心词，斜体带下画线表明是修饰词。

5. 与基于位置判定的方法比较

通常，在一个自然语言短语中，中心词往往作为最后一个名词出现，而其之前出现的单词通常是其修饰词。但是，此规则不适用于不遵守自然语言语法的搜索查询。本章做了一个实验来验证这一观点。使用 6 个月测试数据集中的双实体查询，计算中心词在修饰词后出现的次数，我们发现仅有 41.45% 的情况中心词出现在最后。这表明仅使用位置信息来标记中心词效果不佳。

3.6.5　与其他方法的比较

本小节将所提方法与现有方法[14]以及基于所提方法的 3 种备选方法进行了比较。

1. 与已有方法的比较

与现有方法的比较。Bendersky 等人[14]提出了一种度量概念重要性的加权机制，这是查询意图检测的经典方法。在查询中，不同的实体将被赋予不同的权重。权重最高的实体可以被视为此查询的中心意图。本节实现了该实体加权方法，其使用的特征包括 uni-gram 或 N-gram 统计特征；实体作为一个查询出现的次数以及在查询中出现的次数；该实体作为维基百科标题或在维基百科标题中出现的次数。此外，还考虑了 bi-gram 和 uni-gram 乘积比 $\left(\dfrac{s(q_i,q_j)}{s(q_i) \cdot s(q_j)}\right)$。使用这些特征的线性组合为查询中的每个实体分配权重。

在特征工程后，使用支持向量机对中心词和修饰词进行分类。同样使用 6 个月查询日志中的"A for B"查询作为训练集，并使用另外 6 个月的查询日志作为测

第3章 基于概念知识的Web查询理解

试,使用libSVM包[22]采用linear核函数进行训练和分类。最终,该方法的测试效果并不理想,准确率仅为55%左右。原因可能是该方法选择的特征与查询修饰关系不具有相关性。通过实验还可以得出这一结论:基于词项加权的方法不能解决中心词和修饰词标注问题。

2. 与三种备选方法的比较

为了评估所提出方法的有效性,本小节将其与基于所提方法的3种可能的备选方法进行比较。首先简要描述了以下备选方法。

(1) 面向实体的修饰标记方法(EOMT):在这种方法中,创建一个包含两列的字典分别是(entity,score)。分数计算为频率差,即作为中心词的实体频率与作为修饰词的实体频率之间的差异。根据分数对实体进行排序,并确保实体字典的大小与概念模式知识库的大小大致相同。对于双实体查询,检查每个实体判断其是中心词(大于0)还是修饰词(小于0)。如果两个实体的分数都大于0、小于0或等于0,就不能用这种方式进行标记,将这些查询归类为不可识别。

(2) 面向实体修饰关系的标记方法(EOPT):在这种方法中,创建一个包含三列的字典:(entity$_{[h]}$,entity$_{[m]}$、score)。分数是根据"A for B"和"B for A"之间的频率差来计算。同样,仍然保持本词典与其他词典的大小相同,以便进行公平比较。对于一个新的查询,检查其是否在上述字典中匹配到实体对。如果不是,将该查询归类为不可识别。

(3) 面向概念的修饰标记方法(COMT):在这种方法中,创建一个只包含修饰语概念及其分数的字典,有两列分别是(concept, score)。对于一个给定的概念,首先在训练数据集中收集作为中心词的实体,然后通过等式(3-5)得到它们的概念化得分CS_i^H。同样,可以得到CS_i^M。词典中该概念的分数为$Score(c) = \sum CS_i^M - \sum CS_j^H$。对于一个新的查询,将每个实体概念化为等式(3-5),并通过$\sum_c CS(e,c) \cdot Score(c)$。修饰符得分较高的实体是修饰词。如果两个实体的得分相同(均为0),则该查询被分类为不可识别。

表3-14 在6个月查询日志数据集中不同方法的比较结果

(a) 精度比较			(b) 不可识别比较	
方法	准确率(%)	效果提升(%)	方法	不可识别比例
EOMT	70.38	—	EOMT	0.102 52
EOPT	56.85	−13.53	EOPT	0.403 70
COMT	84.67*	+14.29	COMT	0.007 33
COPT	90.44*	+20.06	COPT	0.000 05

使用相同的测试数据集进行评估,其中本章所提方法标记为COPT,即面向概

念修饰关系的标记方法。本次测试使用了两个评估指标：准确率和不可识别率。表 3-14 所示为测试结果，其中 * 表示结果具有统计学意义（采用符号检验，p 值<0.05）。从该表中，得出以下观察结果。

(1) 基于概念的方法（COMT 和 COPT）比基于实体的方法（EOMT 和 EOPT）表现得更好。与基于最佳实体的方法 EMOT 相比，准确度显著提高了 14.29%（COMT）和 20.06%（COPT），如表 3-14(a) 所示。这表明将实体提升到更高的概念级别对于标注任务是有效的。从表 3-14(b) 可以看出，基于概念方法的不可识别率明细降低。这表明基于概念的方法实现了更好的覆盖。

(2) 所提方法 COPT 优于 COMT。准确率提高 5.77%，不可识别率明显下降。COMT 可以独立处理每个实体，并忽略查询中实体之间的关系。相反，COPT 考虑了修饰关系。这表明挖掘出的概念模式知识能够很好地完成这项任务。

(3) EOPT 在准确性方面不如 EOMT。这是合理的。EOPT 考虑了实体之间的修饰关系。然而，实体模式词典的覆盖率很低，这也给它带来了很大的限制，从其较高的不可识别率（表 3-14(b) 中的 40%）可以看出这一点。从另一个角度说明了概念知识在修饰标记任务中的重要性。

此外，本小节还对 6 个月的测试数据集进行了 5 倍交叉验证。将查询日志分为 5 个部分，在 4 个部分上生成概念模式词典，并在其余的查询上测试所提方法。准确率约为 87%，不可识别率接近 0。为了比较，同时对 EOMT 进行了 5 倍交叉验证，准确率仅为 64% 左右，不可识别率约为 33%。这些结果表明，所提方法比基于实体的方法对未知查询具有更好的可扩展性。

按月比较不同方法的结果，准确率和不可识别率变化不大，如图 3-10 所示。比较基于模式的方法（EOPT 和 COPT）和基于非模式的方法（EOMT 和 COMT），我们发现基于模式的方法产生的错误更少。EOPT 的错误率接近于零，因为它直接存储头和修改器实例对。此外，COPT（基于模式）的错误率比 COMT（非基于模式）低 10% 左右。这也表明了挖掘模式的优势。本质上，一个术语（或概念）可以是不同语境中的头或修饰语，因此这里只有在给出上下文时才能决定它是头还是修饰语。例如，当"game"这个概念伴随着"phone""platform""technology"时，它就是中心词。例如，在"angry birds for windows phone 7"和"juice defender for android"等查询中，"angry birds"（游戏）和"juice defender"（游戏）是中心词。在诸如"angry birds walkthrough"之类的查询中，"game"是一个修饰词，"walkthrough"是中心词。此外，在诸如"zombie mod for minecraft""deadly boss mods for wow"等查询中，"game"是一个修饰概念，"mod"是中心词概念。

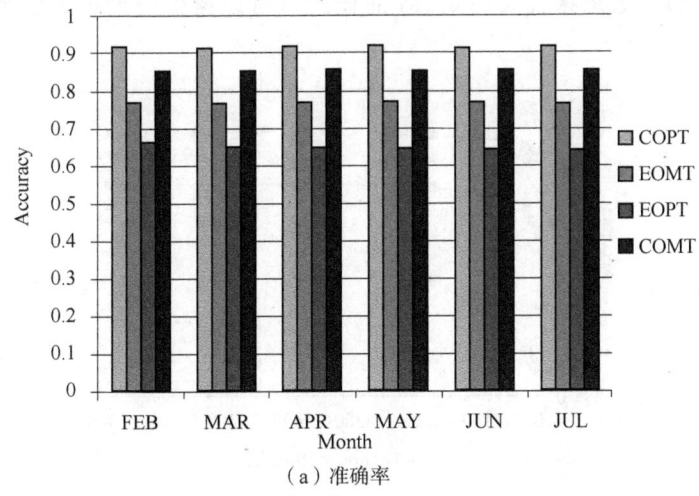

(a) 准确率

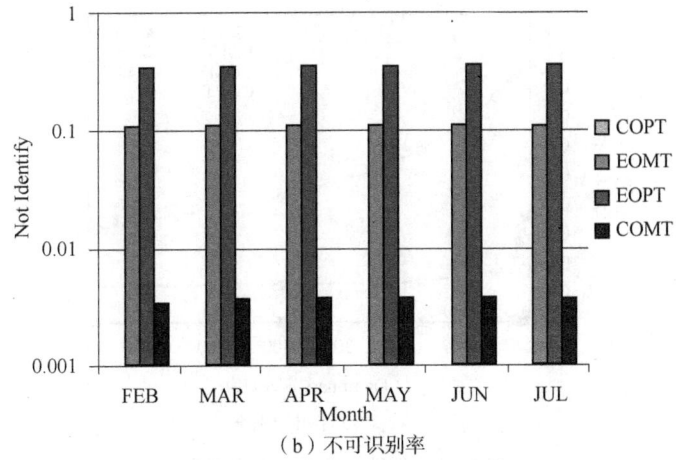

(b) 不可识别率

图 3-10 按月比较各种方法的测试效果

3.6.6 评分函数和参数的影响

本小节首先评估字典大小（即概念对的数量）对准确性的影响。从图 3-11 可以看出，对于所有的方法，随着字典的增大，准确率提高，而不可识别率降低，但不同的方法在不同的字典大小下达到饱和。EOPT 甚至在 0.7M 时也没有饱和，而 COMT 在 0.1M 左右饱和。这并不奇怪，因为基于实体的方法的覆盖范围要比基于概念的方法小得多。此外，与基于模式的字典相比，非基于模式的字典包含的实体或概念的多样性更少。对于所提方法，当字典尺寸达到 0.3M 时，准确性趋于饱和。这意味着大约 0.3M 的概念对可以覆盖查询中大多数修改关系的实体对。

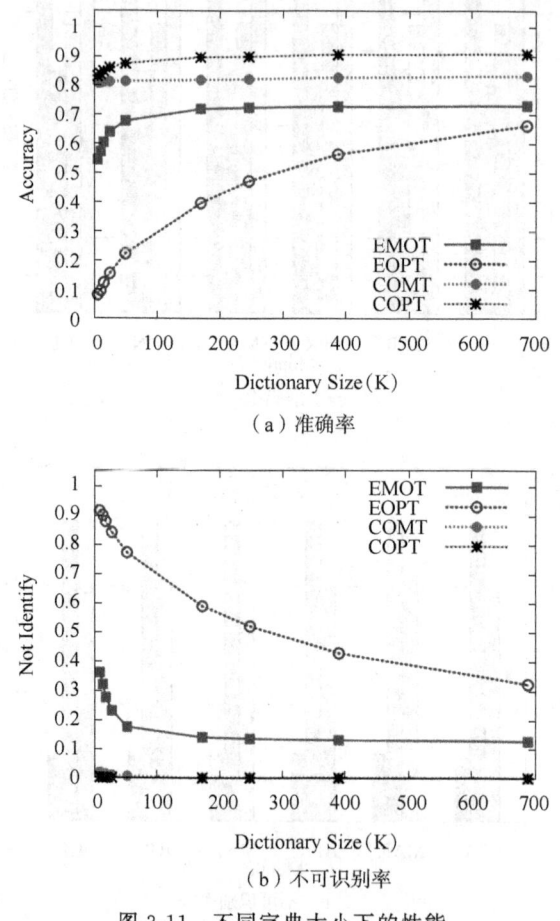

图 3-11 不同字典大小下的性能

然后，本小节测试了所使用的概念化评分函数是否合适。分别用 $P(c|e)$（概率）和 $P(e|c)$（典型性）作为概念化评分函数，对 6 个月的测试数据集进行了实验。表 3-15 所示为不同参数的表现，其中 * 表示提升有统计学意义（符号检验，p 值 < 0.05）。如表 3-15(a) 所示，前者的准确率为 87%，后者的准确率为 86%。两者都低于所提方法(Top10)。另外，"Probability"的未识别率小于"典型性"，而所提方法(Top10)处于中间，如表 3-15(b) 所示。如上所述，使用 $P(c|e)$ 作为概念化得分函数通常会产生一般的概念，而 $P(e|c)$ 则会产生更具体的概念。因此，前者的覆盖范围更大。本章所提的评分函数比这两种方法都好，因为所提函数同时考虑了概念的典型性和通用性。同时，本节还测试了映射到每个实体的前 5 个概念而不

是前 10 个概念的情况。准确率为 87.5%,不可识别率高于"前 10 名"。因此,映射到 10 个概念可以获得更好的覆盖率和准确性。

表 3-15　6 个月查询日志不同参数比较

(a) 精度比较

参数	准确率(%)	提升(%)
Typicality	87.04	—
Probability	86.33	−0.71
Top5	87.51	+0.47
Top10	90.44*	+3.40

(b) 不可识别比较

参数	不可识别率
Typicality	0.000 382
Probability	0.000 007
Top5	0.000 049
Top10	0.000 348

3.6.7　广告匹配应用效果

为搜索查询找到匹配的广告是一项具有挑战性的任务,特别是对于长尾查询,因为长尾查询既没有点击数据,也没有足够的上下文来进行相似性匹配。可以使用所提方法计算长尾查询和广告竞价关键字之间的相似度得分。具体地,首先从查询和广告竞价关键字删除意图停用词。然后,标记查询中心词和修饰词,并生成其概念表示(中心词的一个概念向量,修饰词是一个概念向量)。此处更注重中心词的概念表示。然后,使用加权向量的余弦相似度来衡量查询与广告关键字之间的相似度。随机选取 100 对长尾查询和竞价关键字匹配对并对结果进行人工标记:如果查询和竞价关键字匹配,则对其标注为"2";如果查询和竞价关键字共享相同的主成分,但具有不同的修饰词,将其标记为"1";对于没有匹配成分的查询和竞价关键词,将其标记为"0"。实验数据共有 75 对标记为"2",11 对"1",14 对为"0"。一些匹配的查询和竞价关键字对的例子如表 3-16 所示。

表 3-16　查询和竞价关键字对的例子

查询	修改查询	竞价关键字
benny hill wiki	benny hill	benny hill videos
all Samsung Galaxy phone cases	phone cases	case Samsung Galaxy;phone covers Samsung Galaxy
appropriate preteen girl books	preteen books	books preteens;teen book
Asturias guitar music	guitar music	classical guitar lessons;free guritar music
best ion ceramic hair dryer	hair dryer	best hair dryer;ionic hair dryer
are benefits exercise concerning heart health	benefits exercise	exercise tips;10 benefits exercise

本章所提方法的计算成本是可以接受的。正如图 3-3 中的框架所示,该方法做了大量的离线工作来挖掘两个重要的知识:非约束修饰词列表和概念模式字典。

在线检测过程中,使用字典匹配方法可以大大降低修饰词过滤和模式搜索的计算量。概念化过程也可以看成是一种字典匹配方法,将 Probase 中 isA 与概率分数的关系视为字典。对于中心词和修饰词的标记,最大的开销部分是计算不同匹配分数代价的乘积(即 Eq. 8 和 Eq. 11),公式也并不复杂。在实际应用中,所提方法的平均时间成本小于 0.01 s/查询,适合在线应用。本章开发的广告匹配机制已经在实际生产中得到使用。

3.7 相关工作

大多数查询意图识别方法都是基于查询主题分类[2-4]。2005 年 KDD Cup 的任务是将查询分为 67 个类别[23]。这些方法通常覆盖率较低,因为它们受到现有分类法的限制。另外,分类法通常没有用于意图检测的适当粒度。例如,找工作和面试有不同的目的,但都被划分为工作的类别。作为一种替代方法,通过查询聚类的方式将查询分组为意图也得到了广泛的研究[24-26]。然而,隐式意图(集群)过于粗粒度,无法解释搜索查询中的特定意图,例如,给定"popular smart cover for iphone 11"理解出用户想要的"smart cover"而不是"iphone 11"。

Bendersky 等人[14]研究了在一个查询中为不同的词分配不同权重的问题。Kumaran 等人[27]通过删除查询中不太重要的词汇,将长查询变成短查询。这两种方法都定义了一些特性,根据集合中的词汇统计信息对词汇进行加权或对子查询进行排序。在前一种方法中,作者将查询词和 bi-grams 定义为概念,并将文档、Wikipedia 标题和谷歌 n-grams 中的概念频率收集为特征。他们使用这些特征的线性组合作为查询中每个概念的权重或重要性。然后,基于权值概念建立了信息检索的加权依赖模型。然而,在他们的工作中,概念只是查询中的实体。在后一篇论文中,作者实现了几个查询质量的预测因子,如两个词间的互信息、查询清晰度(即查询模型和集合模型的 KL 距离)等。然后,作者利用这些特征使用 RankSVM 排序学习方法训练分类器,并学习子查询的排序函数。这两种方法都是根据词汇统计特征来学习查询中词汇的权重,都需要大量的语料库和标注数据。然而,这些特征与实体的含义并没有直接关系,因此很难解释这些特征是如何决定中心词和修饰词的。相反,本章所提方法直接使用语义特征(概念模式)。所提特征具有可解释性,因为它们明确地反映了修饰关系。

近期的相关研究由基于词频统计转向通过将查询匹配到固定模板中来获得查询意图[10,28,29]。Li 等人[10]使用语义和句法特征将查询分解为意图中心词和意图修饰词。他们认为属性名是意图的主题,属性值是意图的值。但他们需要一个主题词和修饰词典,以及关于特定领域的属性及其值的知识。Li 等人[29]提出了一个聚类框架,用于为规范查询意图模板寻找同义查询意图模板。张等人[28]针对依赖于领域的结构化搜索,对每个领域的查询进行聚类并构造模式。Chang 等人[15]开发了一个复杂的基于前向和后向随机漫步的概率推理框架,在每个领域中构建查询模板。虽然所有这些工作和本章所提方法都是为了找到查询中词汇之间的关系,但他们关注的是适应特定领域中特定模板的查询。相反,本章工作旨在找到面向开放域的修饰关系,旨在处理所有的名词短语查询,不预设模板也不局限于特定领域。

一些研究工作[16,17]表明,属性提取利用了带有介词的句法模式,如"for""of"等。当然,属性可以用来定义修饰关系。但是修饰关系不受实体-属性关系的限制。例如,在"movie review""side effect for drug"中,评论和副作用实际上不是电影和药物的属性。由此看出,修饰关系对比属性关系更为普遍,如"game for girls""accessory for vehicle"。在本章工作中,将修饰关系建模提升到概念层面,进一步提升了方法普适性。也有很多研究工作关注于挖掘具有特定关系的所有实体对。例如,Agichtein 等人[18]为特定关系创建了诸如 LOCATION、ORGANIZATION 这样的模板。这些模板是通过从种子实体对启发生成的。这些工作与本章工作存在较大区别,本章关注于在概念层级上进行修饰关系建模。

❖ 本章小结 ❖

本章介绍了一种用于查询中心词和修饰词语义标注的方法。该方法使用无监督的学习方式基于海量查询日志提取大量的实体修饰关系,然后将它们"提升"到概念层面,从而挖掘出面向开放域的通用的概念修饰模式知识。大量的实验结果表明,所提方法在识别搜索查询中的中心词和修饰词方面取得了良好效果。本章所述技术可以根据查询的中心词和修饰词的结构为查询的不同组成部分分配不同的权重,从而直接应用于计算查询之间的语义相似度。

这项工作为未来的工作提出了一些有趣的方向。例如,在处理多词查询时,可以使用统计信息来估计每个实体对中的额外语义关系强度。另外一个非常有趣的研究方向是将更多的语义知识(如属性关系)与现有的标注机制结合起来。

❖ 本章参考文献 ❖

[1] Croft W B, Bendersky M, Li H, et al. Query representation and under-

standing workshop[C]//ACM SIGIR Forum. New York, NY, USA: ACM, 2011, 44(2): 48-53.

[2] Shen D, Sun J T, Yang Q, et al. Building bridges for web query classification[C]//Proceedings of the 29th annual international ACM SIGIR conference on Research and development in information retrieval. 2006: 131-138.

[3] Li X, Wang Y Y, Acero A. Learning query intent from regularized click graphs[C]//Proceedings of the 31st annual international ACM SIGIR conference on Research and development in information retrieval. 2008: 339-346.

[4] Hu J, Wang G, Lochovsky F, et al. Understanding user's query intent with wikipedia[C]//Proceedings of the 18th international conference on World wide web. 2009: 471-480.

[5] Bollacker K, Evans C, Paritosh P, et al. Freebase: a collaboratively created graph database for structuring human knowledge[C]//Proceedings of the 2008 ACM SIGMOD international conference on Management of data. 2008: 1247-1250.

[6] Lee T, Wang Z, Wang H, et al. Web scale taxonomy cleansing[J]. Proceedings of the VLDB Endowment, 2011, 4(12): 1295-1306.

[7] Wu W, Li H, Wang H, et al. Probase: A probabilistic taxonomy for text understanding[C]//Proceedings of the 2012 ACM SIGMOD International Conference on Management of Data. 2012: 481-492.

[8] Song Y, Wang H, Wang Z, et al. Short text conceptualization using a probabilistic knowledgebase[C]//Twenty-second international joint conference on artificial intelligence. 2011.

[9] David A Evans, Zhai Chengxiang. Noun-phrase analysis in unrestricted text for information retrieval. In ACL. ACL, Santa Cruz, California, USA, 1996:17-24.

[10] Li X. Understanding the semantic structure of noun phrase queries[C]//Proceedings of the 48th Annual Meeting of the Association for Computational Linguistics. 2010: 1337-1345.

[11] Robertson S, Zaragoza H, Taylor M. Simple BM25 extension to multiple weighted fields[C]//Proceedings of the thirteenth ACM international conference on Information and knowledge management. 2004: 42-49.

[12] Kim J, Xue X, Croft W B. A probabilistic retrieval model for semistruc-

tured data[C]//European conference on information retrieval. Springer, Berlin, Heidelberg, 2009: 228-239.

[13] Paparizos S, Ntoulas A, Shafer J, et al. Answering web queries using structured data sources[C]//Proceedings of the 2009 ACM SIGMOD International Conference on Management of data. 2009: 1127-1130.

[14] Bendersky M, Metzler D, Croft W B. Learning concept importance using a weighted dependence model[C]//Proceedings of the third ACM international conference on Web search and data mining. 2010: 31-40.

[15] Agarwal G, Kabra G, Chang K C C. Towards rich query interpretation: walking back and forth for mining query templates[C]//Proceedings of the 19th international conference on World wide web. 2010: 1-10.

[16] Pasca M, Van Durme B. What You Seek Is What You Get: Extraction of Class Attributes from Query Logs[C]//IJCAI. 2007, 7: 2832-2837.

[17] Pasca M, Van Durme B. Weakly-supervised acquisition of open-domain classes and class attributes from web documents and query logs[C]//Proceedings of ACL-08: HLT. 2008: 19-27.

[18] Agichtein E, Gravano L. Snowball: Extracting relations from large plaintext collections[C]//Proceedings of the fifth ACM conference on Digital libraries. 2000: 85-94.

[19] Li P, Wang H, Zhu K Q, et al. Computing term similarity by large probabilistic isa knowledge[C]//Proceedings of the 22nd ACM international conference on Information & Knowledge Management. 2013: 1401-1410.

[20] Hippisley, Andrew; Cheng, David; and Ahmad, Khurshid. The Head Modifier Principle and Multilingual Term Extraction. Natural Language Engineering. 2005, 11 (2). 129-157.

[21] Soderland S, Fisher D, Aseltine J, et al. CRYSTAL: Inducing a Conceptual Dictionary[C]//IJCAI. 1995, 2.

[22] Chih-Chung Chang and Chih-Jen Lin. LIBSVM: A library for support vector machines[J]ACM Transactions on Intelligent Systems and Technology, 2011.

[23] Ying Li, Zijian Zheng, and Honghua (Kathy) Dai. KDD CUP-2005 report: facing a great challenge. SIGKDD Explor. Newsl. 7, 2 (2005): 91-99.

[24] Cheung J C K, Li X. Sequence clustering and labeling for unsupervised query intent discovery[C]//Proceedings of the fifth ACM international conference on Web search and data mining. 2012: 383-392.

[25] Hu Y, Qian Y, Li H, et al. Mining query subtopics from search log data [C]//Proceedings of the 35th international ACM SIGIR conference on Research and development in information retrieval. 2012: 305-314.

[26] Ren X, Wang Y, Yu X, et al. Heterogeneous graph-based intent learning with queries, web pages and wikipedia concepts[C]//Proceedings of the 7th ACM international conference on Web search and data mining. 2014: 23-32.

[27] Kumaran G, Carvalho V R. Reducing long queries using query quality predictors[C]//Proceedings of the 32nd international ACM SIGIR conference on Research and development in information retrieval. 2009: 564-571.

[28] Cheung J C K, Li X. Sequence clustering and labeling for unsupervised query intent discovery[C]//Proceedings of the fifth ACM international conference on Web search and data mining. 2012: 383-392.

[29] Li Y, Hsu B J P, Zhai C X. Unsupervised identification of synonymous query intent templates for attribute intents[C]//Proceedings of the 22nd ACM international conference on information & knowledge management. 2013: 2029-2038.

第 4 章

CQA 问题查询的命名实体消歧

4.1 研究背景

搜索引擎自诞生之日起,一直致力于为用户提供更准、更快、更全的信息服务。然而,自然语言文本存在歧义性使得搜索引擎准确地获取用户搜索意图,并从海量信息中准确地定位资源变得困难。文献[1]对用户搜索日志的分析显示,至少16%的搜索查询属于歧义查询。查询中命名实体的歧义现象非常普遍,例如,在"apple released the new ipad"中,"apple"指代的是一个IT公司,而在"apple juice"中,"apple"则指代的是一种水果。在不同的上下文环境下,同一命名实体具有不同的含义,正确识别查询中命名实体的含义,对于准确获取用户查询意图具有重要作用。

命名实体(Named Entity)代表着特定语义信息,一般指地名、人名、组织机构名,更广义的命名实体还包括书籍名、歌曲名、电影名等。命名实体的歧义,指一个命名实体指称(Mention)能够对应多个具有不同含义的命名实体。例如Jordan既可以代指篮球运动员 Michael Jordan,又可以代指伯克利教授 Michael I. Jordan,还可以指代一种运动鞋品牌 Jordan。命名实体消歧(Named Entity Disambiguation,NED)[2]的任务是将文本中具有多个含义的实体指称去除歧义,并将其链接到知识库中的唯一实体,从而达到消歧的目的。NED是自然语言处理研究的重要课题,对于机器理解自然语言文本具有重要意义,可广泛应用于知识挖掘、文本分类、搜索以及问答检索等领域。

本书对社区问答系统(Community Question Answering,CQA)中问题查询的

命名实体消歧进行研究。作为一种新兴的知识共享模式，社区问答系统，比如 Yahoo! Answers 和百度知道，能够更好地为用户提供个性化的信息服务的需求，极大地方便了用户交换观点和分享知识。CQA 中带有噪声的大量问题与答案之间蕴含着如事实、观点、经验等海量的知识。因为问题是获取 CQA 知识的关键入口，而命名实体是问题的重要组成部分，因此对 CQA 问题查询进行命名实体消歧是挖掘 CQA 海量知识的关键步骤之一。在从 Yahoo! Answers 随机抽取的一百万个问题中，我们发现有 55.2% 的问题包含维基百科中的实体，其中有 25.1% 的实体是有歧义的。因此，有必要对问题查询中的命名实体消歧问题进行研究，该研究不仅有助于 CQA 中的知识挖掘，还有助于问题检索[3]和问题推荐[4]等多项 CQA 关键技术研究。例如，文献[5]利用 NED 算法提高问题检索的准确率。

对 CQA 问题查询进行命名实体消歧存在三方面的挑战性问题。首先，问题查询的长度通常较短，基于从 Yahoo! Answers 随机抽取的一百万个问题统计，平均每个问题查询只包含 9.64 个词项，问题查询中实体指称的上下文信息较少，传统的依赖于上下文信息的 NED 方法[6,7]在问题查询实体消歧中难以取得较高的消歧效果；其次，由于当前 CQA 问题查询实体消歧方面的相关研究较少，缺乏标注数据，人工标注大量的训练数据耗时耗力，现有监督的消歧算法[8,9,10]并不可行；最后，社区问答系统中的问答数据与实体知识库中的描述文本存在用语差异。这主要由于 CQA 用户和知识库用户所关注的知识内容不同。举例而言，对于"Apple Inc."这一实体，维基百科更多地给出了有关公司历史、主要产品、企业事务等方面的知识，而且用语非常规范，而在 Yahoo! Answers 中，用户则对苹果公司产品的价格、可下载的软件、以及软件评论更感兴趣。此外，CQA 用户的行文较为随意，使得问题查询文本不规范，存在大量噪声。利用从知识库中学习到的实体与词之间的关联关系来进行消歧的方法[11]同样在问题查询中难以取得理想的消歧效果，如本章实验部分所示。

为解决以上问题，本书提出了一种基于话题模型的问题查询实体消歧方法。据我们所知，本书是首篇针对 CQA 问题查询命名实体消歧的研究工作。所提方法自然地结合了从 CQA 元数据和知识库中学习到的先验知识，以一种无监督的方式进行学习。该方法模拟 CQA 用户生成问题和答案的过程，并形式化地阐述了 CQA 问题中的话题、实体以及词项之间的关联关系。具体而言，文本首先利用知识库和 CQA 中的元数据估计三种先验知识：问题在话题上的分布、实体在话题上的分布和词项在实体上的分布，然后将这些先验分布作为 Dirichlet 先验的超参数融合到话题模型中，用来指导问题和答案的生成过程。本书已证明这些先验分布能够对模型学习起到弱监督作用。通过这种方式，从元数据中估计的先验知识能够丰富实体指称的上下文信息，并在 CQA 与知识库两种用语之间建立联系。

所提模型的创新之处在它能够模拟CQA用户产生问题和答案的真实过程,并有效利用CQA和知识库中的信息来加强模型学习。此外,所提模型能够充分利用CQA和知识库中的大数据信息进行模型学习,不需要任何人工标注。本书分别在Yahoo! Answers和百度知道数据集上对所提模型进行评测。人工标注的大量测试数据已在github上公开(公开数据详见网址:https://github.com/NEDstudy/NEDforCQA)。实验结果表明所提模型在CQA问题查询的实体消歧中显著优于现有方法。

4.2 相关工作

命名实体消歧是自然语言处理研究中的重要基础性课题,受到广泛关注。

4.2.1 正规文本的实体消歧

已有的命名实体消歧工作较多地关注于正规文本(新闻文本或维基百科文章)中的命名实体消歧。早期的研究工作主要利用文档中实体指称的上下文信息进行消歧。Bunescu和Pasca的研究工作[8]首次提出通过计算实体指称上下文信息与维基百科中候选实体正文之间的相似度进行实体消歧的方法,其中使用余弦相似度度量方法。后期很多研究工作[9,10,12-15]基于该思路进行扩展,挖掘了更多有效的消歧特征,比如实体与实体之间的主题一致性特征(topic coherence)。这些方法通常需要大量标注数据对融合多种特征的目标函数进行优化。Alhelbawy等人[16]提出了一种无监督的集体(collective)命名实体消歧方法,为给定文档构建了一个实体指称与候选实体和实体与实体之间的关联图,采用PageRank算法对候选实体进行排序。Pershina等人[17]利用个性化PageRank算法对Alhelbawy等人的工作进行了改进。近年来,随着深度学习技术的发展,一些研究工作[18-21]尝试利用深度学习技术为实体指称和候选实体学习统一的词向量表示,在此基础上进行实体消歧。虽然已有大量相关研究,但针对社区问答系统中问题查询的命名实体消歧研究很少。

4.2.2 短文本实体消歧

近年来,随着网络中短文本(如twitts、微博、评论等)的大量涌现,面向短文本的实体消歧[22,23,24]受到越来越多的关注。例如,Meji等人[23]针对twitt短文本,利用twitts、维基百科中候选实体的描述文本以及twitter中的元数据(hashtag和URL),创建了许多实体消歧特征,采用有监督的方式进行实体消歧。Blanco等人[22]针对搜索查询提出了一个概率模型,利用网络上的用户自生内容链接搜索查询与知识库中的候选实体。与上述工作类似,针对问题查询,本书也考虑利用外部信息,如社区问答系统中的元数据,进行实体消歧。但社区问答系统中的元数据与twitter和搜索引擎中的元数据非常不同,很难将已有的短文本消歧工作直接应用于CQA问题的实体消歧。为此,本书针对问题查询提出了一个新的模型,该模型能够对CQA问答数据的生成过程进行建模,充分利用CQA中的元数据信息进行实体消歧。

4.2.3 基于话题模型的消歧方法

在本书工作之前,已有一些相关工作[11,25-27]利用话题模型进行实体消歧,其主要思想是构建话题与实体之间的联系。基于这一思想,不同方法将不同类型的信息与生成过程相结合。例如,Han等人[25]提出了一个结合实体流行度(popularity)、实体指称与候选实体之间的关联关系及其上下文相似度的生成模型。利用维基百科中文档之间的超链接信息,Sen[11]用话题模型学习上下文与候选实体之间的关联关系,用于辅助实体消歧。为建立搜索查询中的关键词与知识库中候选实体之间的关联,Li等人[26]提出了一个生成模型从外部预料挖掘有用的证据信息。针对候选实体知识库不含超链接信息的情况,Li等人[27]提出了一种新的生成模型进行实体消歧。所提模型通过将凭经验设置的超参数替换为从CQA元数据和维基百科中估计的先验分布,对传统的话题模型[28,29]进行了扩展。本书工作利用Sen[11]提出的话题模型从维基百科文本中估计词项在实体上的先验分布,用于影响所提模型对于CQA中词项在实体上分布的学习。所提模型的创新性在于它能够自然地模拟CQA用户产生问题和答案的行为,并充分利用CQA和知识库中的元数据进行学习。

◆ 4.3 问题定义 ◆

给定一个问题q,本书首先识别出其中的实体指称$Mq=\{m_1,m_2,\cdots,m_s\}$。$q$中的每个实体指称$m_i$对应知识库中的一个候选实体列表$(e_{i1},\cdots,e_{ik})$。实体消歧的目标是为$m_i$从候选实体列表中预测出正确的指向实体$e_i^*$。注意指向实体并未包含在知识库中的情况不在考虑之列。社区问答系统中一个典型的问题包括提问者从预定义的分类系统(参见Yahoo! Answer的分类体系:https://answers.yahoo.com/dir/index)中为其选定的问题类别、对问题的详细描述以及问题回答者对该问题的回复列表。表4-1所示为一个来自Yahoo! Answers的问题样例,问题中的实体指称用粗体显示。注意由于回答内容过长,本书在这里做了删减,完整内容详见 Yahoo! Answers(参见 Yahoo! Answer 的分类体系:https://answers.yahoo.com/dir/index)。

表 4-1 来自 Yahoo! Answers 的一个问题样例

问题元数据	样例
问题标题	What **font** does **Apple** use?
问题描述	I was wondering what font Apple use for their website, engrav-ings, software-both for headlines and body. Is it Arial?
问题类别	Computers & Internet, Programming & Design
问题答案	Adobe Myriad is used for all their Headlines, slogans & body copy. They have kept this branding since the replacement...

图 4-1 所示为文本所提出的基于话题模型的问题查询实体消歧框架。首先,实体消歧任务需要有一个知识库提供可能的指向实体,当前已有算法大都采用维基百科作为知识库。本书使用英文维基百科作为英文知识库,并采用百度百科作为中文知识库。为识别实体指称并建立实体指称与候选实体之间的对应关系,本书利用知识库中的元数据构建实体指称与实体候选字典,具体细节在 4.4.1 小节中给出。直觉地,人们能够正确理解问题查询中歧义实体指称的具体含义,是因为人们的头脑中具有能够帮助我们做消歧判断的知识。举例来说,给定一个问题"What font does Apple use"以及问题类别 Computers and Internet,能够判断出带有歧义的实体指称"Apple"很可能指向代表 IT 公司的"Apple Inc.",是因为人们知道了这个问题属于 Computers and Internet 类,并事先知道 IT 公司"Apple Inc."比水果"Apple"更可能属于该类别,以及实体指称的上下文如"font"和"use"与"Apple Inc."有更强的关联关系。基于以上思考,从 CQA 中带有类别的问题和知识库中带有锚文本的实体描述中挖掘三类先验知识:问题在类别上的先验分布、实体在类别上的先验分布和词项在实体上的先验分布。具体方法在 4.4.3 小节给出。本书将这三类先验知识融入到话题模型中,来辅助学习 CQA 中实体指称与知识库中候选实体之间的关联关系。

在模型训练中,为充分利用 CQA 中的元数据,我们将问题标题、问题描述以及问题所有的答案融合到一起构成一篇问题文档 d,文档 d 所属的类别与原问题一致。在模型训练前,首先识别训练文档中出现的实体指称并构建实体指称与候选实体之间的对应关系。由于没有标注数据,试图利用问题类别信息、实体指称字典以及训练文档中实体指称的上下文信息来对消歧模型进行学习,并利用挖掘到的三类先验知识指导这一学习过程。4.4.2 小节给出了所提模型的详细描述。

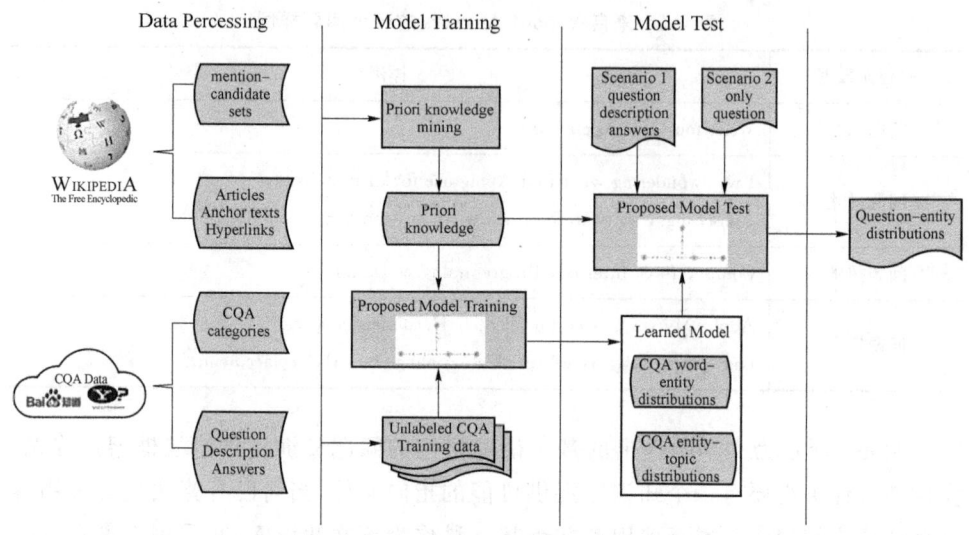

图 4-1　基于话题模型的问题查询实体消歧框架

本书考虑了问题命名实体消歧的两种应用场景。一种是应用于 CQA 中的知识挖掘,其中可利用的信息比较全面,既包括问题标题,也包含问题相关元数据。在此场景下,假定测试数据与训练数据包含的相同信息,即每一个问题查询除标题外,还包括类别、具体描述以及相关答案。另一种场景是将其应用于问题检索和问题推荐中。此时,给定的问题查询仅包含问题标题。注意在两种场景下我们的目标都是对问题查询中的实体指称进行消歧,区别仅在于场景一中可以利用更多的问题元数据来辅助消歧,而场景二中可利用的数据仅仅是问题标题。4.4.4 小节详细介绍了所提模型的推导算法。

4.4　问题查询的命名实体消歧

对问题查询中的实体指称进行消歧,需要解决三方面的问题:①如何利用其他信息来丰富实体指称的上下文;②如何在没有人工标注的情况下建立实体指称与指向实体之间的映射关系;③如何减少 CQA 与知识库之间的用语差异。本书的想法是利用生成模型来学习实体指称与指向实体之间的关联关系,并将从 CQA 和知识库中学到的先验知识作为生成模型的先验,辅助指导生成过程。该方法模拟 CQA 用户产生问题的行为过程,具有可解释性,并且能灵活利用不同类型的信息来丰富实体指称的上下文。

本节首先介绍了实体指称的识别方法,随后详细介绍了所提模型,最后讨论了先验知识的估计方法并所示为模型的算法推导。表 4-2 所示为一些重要的符号说明。

表 4-2 所提模型使用的符号说明

符号	符号描述
θ	话题分布 $\theta \sim \text{Dirichlet}(\alpha)$
z	CQA 数据中的一个话题(类别)
e	知识库中的一个实体
d	问题文档,包括标题、描述和相关答案
w	文档 d 中的一个词项,一个普通的上下文词或是实体指称
Λ	一个 $M \times K$ 的矩阵,表示实体在话题上的分布
Φ	一个 $N \times M$ 的矩阵,表示词项在实体上的分布
A^0	文档在话题(类别)上的先验分布
Λ^0	实体在话题(类别)上先验分布
B^0	词项在实体上的先验分布
T	数据集中的文档总数
K	数据集中的话题总数
M	知识库中的实体总数
D	所有训练文档构成的集合
E	所有候选实体构成的集合
N	文档集 D 中的词项总数

4.4.1 实体指称识别

命名实体消歧的第一个步骤是从给定文本中识别出实体指称,并获取实体指称所有可能的指向实体。参照文献[7]中的工作,本书首先利用知识库构建一个实体指称字典,其中每一个项为 $\{m,(e_1,\cdots,e_k)\}$。具体而言,对于维基百科中的一个实体 e,可以从四类数据中提取它可能的实体指称:e 的标题、重定向到 e 的页面标题、包含 e 的消歧页中的实体标题和链接到 e 的所有锚文本。为减少噪声,过滤掉仅包含数字或仅有一个字节,并且出现次数小于 5 的锚文本。对于中文数据,利用最大的中文百科知识-百度百科(http://baike.baidu.com)来构建中文实体指称字典。与构建英文实体指称字典稍有区别,即百度百科中没有公开的备份数据,并且没有页面重定向信息。

以实体指称字典为查找字典,本书采用最长前缀匹配算法(http://en.wikipedia.org/wiki/Longest prefix match)识别问题文档中的实体指称。同时,利用实体指称字典获取该指称项的候选实体。

4.4.2 实体消歧模型

在介绍所提模型之前,先设想一下 CQA 用户生成问题和答案的过程。在通常情况下,CQA 中的某个提问者首先想到的是一些感兴趣的话题,并根据这些话题,想到一些相关的实体,最后基于话题和实体,选择具体的实体指称和上下文词汇来描述它们的问题。CQA 中的回答者看到这一问题后,理解问题所属的话题并明确其中的实体含义后,基于相同的话题和与话题相关的实体,选择具体的实体指称和上下文词汇来生成对该问题的答案。

在这一过程中,问题的提问者和回答者都具有一些先验知识。首先,问题的类别会对用户话题的选择产生影响,因为在提问之前,提问者需要了解 CQA 中的问题分类系统,并为所提问题选择类别。其次,问题类别也对用户问答描述中的实体选择有指示作用。例如,如果某一提问者选定了"computers & internet"这一类别,当他提到"apple"时,很可能指的是苹果公司。类似地,如果该提问者选择的类别是"dinning out",那他很可能说的是指代水果的苹果。最后,在生成 CQA 数据之前,提问者和回答者都具有一些基本知识,比如实体和词之间的关联关系。这些基本知识在问答生成过程中能够指导用户对实体指称和上下文词汇的选择。

本书试图通过一个生成模型来模拟社区问答用户的上述行为,特别地,这里考虑对用户的先验知识进行建模并将这些知识融合到模型的学习过程中。本节的基本思路是将先验知识表示为话题、实体和词项的先验分布,并将这些先验分布用作生成模型中 Dirichlet 先验的超参数。这里可以证明这些先验分布是目标学习分布的期望,在话题模型的学习过程中起到弱监督作用,后续会有相关证明。

下面形式化地介绍所提模型。假定训练数据集中有 T 篇问题文档 $\{d_i\}_{i=1}^{T}$。$\forall i, d_i$ 包括问题 q_i 的标题、问题描述和相关答案。d_i 可以由上下文词向量 $(w_{d_i,1}, w_{d_i,2}, \cdots, w_{d_i,l_{d_i}})$ 和实体指称向量 $(m_{d_i,1}, m_{d_i,2}, \cdots, m_{d_i,s_{d_i}})$ 表示,其中 l_{d_i} 和 s_{d_i} 表示 d_i 中出现的上下文词总数和实体指称总数。例如,表 4-1 中的问题文档可以表示为 $d = \{$what, **font**, do, **apple**, use, wonder, what, **font**, **apple**, use, website,$\ldots\}$,其中加粗显示的词项代表实体指称,其他词项为上下文词项。每篇文档对应 K 个话题 $\{z_i\}_{i=1}^{K}$。本书假定文档的话题即为 CQA 中的问题类别,并使用一个 $T \times K$ 的矩阵 $\mathbf{A}^0$ 来表示有关问题类别的先验知识。给定问题 q_i,$\mathbf{A}^0(q_i)$ 表示 $\mathbf{A}^0$ 的第 i 行,其中每个元素代表 q_i 属于某一类别(话题)的先验概率。以表 4-1 中的问题为例,它在话题上的先验分布可能是 $\mathbf{A}^0(q) = \{$Compter & Internet 0.15,

Programming & Design 0.04,Software 0.01,…}。假定在每一个话题 z_j,有一个实体分布 Λ_j,反应了在该话题下人们提及各个实体的概率。使用一个 $K \times M$ 的矩阵 $\boldsymbol{\Lambda}^0$ 来表示实体在话题上的先验知识,其中 M 是实体的总个数。给定话题 z_j,$\boldsymbol{\Lambda}^0$ 的第 j 行为 $\boldsymbol{\Lambda}^0(j)$,表示各个实体在 z_j 中的概率分布。例如,类别 Programming & Design 的实体分布可能为 $\boldsymbol{\Lambda}^0(z) = $ {Microsoft 0.10,Linux 0.09,…,Apple Inc.0.001,…}。假定每一个实体对应一个词项分布,注意这里的词项包括上下文词汇和实体指称。词项分布度量了词项与实体之间的关联程度。假定总的词项个数为 N,本书用 $\boldsymbol{\Phi}_v$ 表示第 v 个实体中的词项分布,并使用一个 $M \times N$ 的矩阵 $\boldsymbol{B}^0$ 表示实体和词之间的先验知识。使用一个 $M \times N$ 的矩阵 $\boldsymbol{B}^0$ 表示实体和词之间的先验知识。$\boldsymbol{B}^0$ 的第 v 行 $\boldsymbol{B}^0(v)$ 表示给定第 v 个实体的词项先验分布。例如,对于实体"Apple Inc.",它的词项先验分布可能是 $\boldsymbol{B}^0$(Apple Inc.) = {apple$^{0.10}$,software$^{0.06}$,…,use$^{0.007}$,…,website$^{0.002}$,…},其中 use$^{0.007}$ 表示词项"use"出现在指向实体"Apple Inc."上下文的先验概率为 0.007。

生成过程可以形式化地描述为

(1) 对于每一篇文档 $i \in \{1, 2, \cdots, T\}$,随机生成一个话题分布 $\theta_i \sim$ Dirichlet$(\boldsymbol{A}^0(q_i))$;

(2) 对于每一话题 $j \in \{1, 2, \cdots, K\}$,随机生成一个实体分布 $\Lambda_j \sim$ Dirichlet$(\boldsymbol{\Lambda}^0(j))$;

(3) 对于每一实体 $v \in \{1, 2, \cdots, M\}$,随机生成一个词项分布 $\Phi_v \sim$ Dirichlet$(\boldsymbol{B}^0(v))$;

(4) 对于文档 d_i 中的每一个词位(上下文词或实体指称)$(u, i), i \in \{1, \cdots, T\}, u \in \{1, \cdots, (l_{di} + s_{di})\}$,

- 随机选择一个话题 $z_{i,u} \sim$ Multinomial(θ_i);
- 随机选择一个实体 $e_{i,u} \sim$ Multinomial$(\Lambda_{z_{i,u}})$;
- 随机选择一个词项(上下文词或实体指称)$w_{i,u} \sim$ Multinomial$(\Phi_{e_{i,u}})$;其中,Dirichlet$(\boldsymbol{A}^0(qi))$、Dirichlet$(\boldsymbol{\Lambda}^0(j))$ 和 Dirichlet$(\boldsymbol{B}^0(v))$ 分别是话题、实体和词项的 Dirichlet 先验分布。先验知识 $\boldsymbol{A}^0$、$\boldsymbol{\Lambda}^0$ 和 $\boldsymbol{B}^0$ 用作话题模型中 Dirichlet 先验的超参数。图 4-2 所示为这一生成过程的图模型。

本书利用 CQA 中带有类别的问答数据以及知识库中带有超链接的实体文本来估计 $\boldsymbol{A}^0$、$\boldsymbol{\Lambda}^0$ 和 $\boldsymbol{B}^0$,稍后会有详细介绍。可以看出,所提模型综合利用了 CQA 和知识库中的元数据信息,并将这些不同类型的信息有机地融入模型学习中。通过将凭经验预先设定的超参数替换为从元数据中估计的先验分布,所提方法对传统的 LDA[28] 模型进行了扩展。这样做有一个好处,即先验分布是生成过程中话题分布、实体分布和词项分布的期望。定理如下:

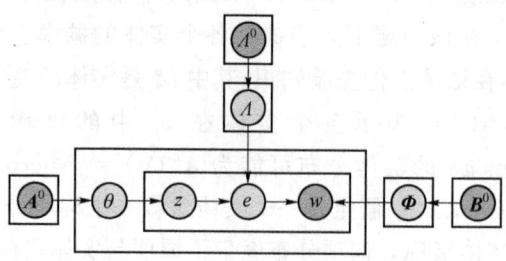

图 4-2 结合先验知识的生成模型

定理 4.1：在所提模型中，$\forall i \in \{1,\cdots,T\}, j \in \{1,\cdots,M\}$，以及 $v \in \{1,\cdots,N\}$，$\mathbb{E}(\theta_i) = \mathbf{A}^0(q_i), \mathbb{E}(\Lambda_j) = \mathbf{\Lambda}^0(j)$ 并且 $\mathbb{E}(\Phi_v) = \mathbf{B}^0(v)$。

证明：$\forall i \in \{1,\cdots,T\}$，假定 $\theta_i = (\theta_i(1),\cdots,\theta_i(K))$，因为 $\forall u \in \{1,\cdots,K\}$，有 $\theta_i \sim \text{Dirichlet}(\mathbf{A}^0(q_i))$，所以

$$\mathbb{E}(\theta_i(u)) = \frac{\Gamma(\sum_{t=1}^{K}\mathbf{A}^0(q_i)_t)}{\prod_{t=1}^{K}\Gamma(\mathbf{A}^0(q_i)_t)} \int_0^1 \cdots \int_0^1 x_u^{\mathbf{A}^0(q_i)_u} \cdots \mathrm{d}(x_1) \cdots \mathrm{d}(x_K)$$

$$= \frac{\Gamma(\sum_{t=1}^{K}\mathbf{A}^0(q_i)_t)}{\prod_{t=1}^{K}\Gamma(\mathbf{A}^0(q_i)_t)} \cdot \frac{\prod_{t=1,t\neq u}^{K}\Gamma(\mathbf{A}^0(q_i)_t) \cdot \Gamma(\mathbf{A}^0(q_i)_u+1)}{\Gamma(\sum_{t=1}^{K}\mathbf{A}^0(q_i)_t+1)}$$

$$= \frac{\mathbf{A}^0(q_i)_u}{\sum_{t=1}^{K}\mathbf{A}^0(q_i)_t} = \mathbf{A}^0(q_i)_u.$$

式中，$\Gamma(\cdot)$ 是伽马函数，$\mathbf{A}^0(q_i)_t$ 表示类别 t 在先验分布 $\mathbf{A}^0(q_i)$ 中的概率，这里利用了概率分布的一个性质 $\sum_{t=1}^{K}\mathbf{A}^0(q_i)_t = 1$。类似地，可以推导出 $\forall j \in \{1,\cdots,M\}$，$v \in \{1,\cdots,N\}$，$\mathbb{E}(\Lambda_j) = \mathbf{\Lambda}^0(j)$ 以及 $\mathbb{E}(\Phi_v) = B^0(v)$。

定理 4.1 说明在所提模型的生成过程中，先验分布 $\mathbf{A}^0$、$\mathbf{\Lambda}^0$ 和 $\mathbf{B}^0$ 对话题、实体和词项的随机采样具有指导作用。当利用 CQA 数据对 Λ 和 Φ 进行估计时，结果会以这些先验为基准，并融合从 CQA 中挖掘的有效信息。从这一角度来看，从 CQA 和知识库元数据中学到的先验知识实际上能够对所提模型的学习过程进行弱监督。更有意思的是，从知识库中估计词项在实体上的先验分布 $\mathbf{B}^0$，并通过所提模型将其应用到 CQA 中学习词项在实体中的分布 Φ，从而在 CQA 与知识库两种语言之间建立了联系。由此可见，通过所提模型，可以学到一个完整的实体和词

项之间的关联关系，能够反映人们在 CQA 和知识库中如何描述某一实体，后续实验将给出具体示例。

从 CQA 问答数据估计模型中的 Λ 和 Φ。最后，给定一个新的问题 q、实体指称 m 以及候选实体列表 $(e_m,1,\cdots,e_{m,k})$，利用公式（4-1）预测 m 的指向实体，其中 $P(e_{m,i}|q)$

$$e_m^* = \mathrm{argmax}_{1\leqslant i\leqslant k} P(e_{m,i}|q) \tag{4-1}$$

4.4.3 估计先验分布

本书利用 CQA 和知识库中的元数据估计问题-类别的先验分布 $\boldsymbol{A}^0$、实体-类别的先验分布 $\boldsymbol{\Lambda}^0$ 和词项-实体的先验分布 $\boldsymbol{B}^0$。

估计 $\boldsymbol{A}^0$：$\boldsymbol{A}^0$ 表示问题在类别上的先验分布。本书利用 CQA 中带有类别信息的问题数据来对其进行估计。社区问答系统，比如 Yahoo! Answers 和百度知道，大多将问题类别组织为树形结构。为求简单，本书将所有处于叶节点的类别作为问题的类别集合。对于类别 z，我们收集所有属于该类别的问题，训练一个朴素贝叶斯分类器。给定一个问题题 $q=\{w_1,\cdots,w_n\}$，其中 w_i 是 q 的第 i 个词项，首先使用分类器计算 q 的后验概率 $p_{nb}(z|q) = \dfrac{p(z)p(q|z)}{p(q)} \propto p(z)\prod_{i=1}^{n} p(w_i|z)$，其中假设 $p(z)$ 是一个均匀分布。随后，将问题 q 属于类别 z 的概率定义为

$$p(z|q) = \eta \times p_{nb}(z|q) + (1-\eta) \times f(z) \tag{4-2}$$

式中，$f(z)$ 是一个指示函数，当 z 是提问者为 q 所选择的类别时，$f(z)=1$，否则 $f(z)=0$。$\eta \in [0,1]$ 用于调节分类器预测的类别与提问者选择的类别之间的权重。由此看出，$p(z|q)$ 在数据智慧和人类智慧之间做了权衡。朴素贝叶斯分类器可以在一定程度上对人类标注的类别进行校正，并且可以为新问题预测类别（此时 $f(z)$ 是 0）。为简化模型计算量，我们根据 $p(z|q)$ 对问题 q 在所有类别上的分布进行排序，取排位靠前的 10 个类别记为 C_q。最后将 $\boldsymbol{A}^0(q)$ 定义为 $\{p(z|q)/C|z\in C_q\}$，其中 $C=\sum_{z\in C_q} p(z|q)$ 是归一化因子。

估计 $\boldsymbol{\Lambda}^0$：$\boldsymbol{\Lambda}^0$ 表示实体在话题上的先验分布。由于模型中的话题与问题类别相对应，在 $\boldsymbol{\Lambda}^0$ 的估计中，综合利用了 CQA 的类别信息和知识库中的实体描述文档。直觉地，在某一类别下一个实体具有较高的出现概率意味着该实体要么与该类别非常相关，要么该实体非常常见。本节试图让 $\boldsymbol{\Lambda}^0$ 能涵盖这两种情况。对于第一种情况，关键是为知识库中的实体和 CQA 中的类别建立联系。我们的想法是先利用知识库中的实体描述文档生成实体的词向量表示，再利用估计 $\boldsymbol{A}^0$ 所使用的朴素贝叶斯分类模型来估计实体属于某一类别的概率。具体而言，对于某一实体 e，使用 χ^2 独立检验[6]从知识库 e 的描述文档中选择 50 个关键词，作为 e 的词向量表

示 $\{w_1,\cdots,w_{50}\}$,随后通过 $p_{rel}(e|z) = \prod_{i=1}^{50} p(w_i|z)$ 来计算 e 属于类别 z 的似然概率。对于第二种情况,参考已有工作[25]从知识库的内链关系中估计实体流行度(popularity),以此度量实体的常见性程度。实体 e 的流行度定义为 $\mathrm{pop}(e) = \dfrac{n_{l_{\mathrm{in}}}(e)}{\sum_{i=1}^{Ne} n_{l_{\mathrm{in}}}(e_i)}$,其中 $n_{l_{\mathrm{in}}}(e)$ 是知识库中 e 的所有入链接个数,Ne 是知识库中的实体总数。$\mathrm{pop}(e)$ 度量了 e 在一篇文档中出现的似然概率,而且它独立于类别。至此,我们将 $\Lambda^0(z)$ 定义为 $\{p(e|z)/C_e\}$,其中 $p(e|z)$ 定义为

$$p(e|z) = \mu \times p_{rel}(e|z) + (1-\mu) \times \mathrm{pop}(e) \tag{4-3}$$

式中,$C_e = \sum_{i=1}^{M} p(e|z)$ 是归一化因子,$\mu \in [0,1]$ 是调节相关性和常见性权重的一个参数。

估计 $\boldsymbol{B}^0$:本书利用 Sen[11] 提出的上下文感知的话题模型从百科知识库中估计词项-实体的先验分布 $\boldsymbol{B}^0$。具体而言,本节实现了该文中表现最好的融合上下文感知话题模型(CA)与类别学习模型的组合方法。该方法利用维基百科带有超链接的文档学习词项在实体中的概率分布。在学习过程中,该方法综合考虑了实体指称的上下文信息和从维基百科中学到的实体类别信息。据了解,该方法是当前长文本命名实体消歧中效果较好的基于话题模型的消歧方法。除了利用该方法估计先验知识,在实验部分也将其与所提方法进行了比较。

4.4.4 模型求解

本书采用 collapsed Gibbs sampling 算法对 Φ 和 Λ 进行估计。假定 $z_{i,u}$ 和 $e_{i,u}$ 分别表示文档 d_i 中第 u 的词项的话题和实体,$z_{\neg(i,u)}$ 和 $e_{\neg(i,u)}$ 分别为语料库中除去 $z_{i,u}$ 和 $e_{i,u}$ 后的话题向量和实体向量,w 表示语料库中的词向量,将该词位定义为 $r=(i,u)$ 并用 $n_{\neg r}^{(\cdot)}$ 表示除去 r 后的相关计数,那么可以进行如下推导:

$$\begin{aligned}
&p(z_r = k, e_r = e | z_{\neg r}, e_{\neg r}, w) \\
&= \frac{p(e, z, w)}{p(z_{\neg r}, e_{\neg r}, w)} \\
&= \frac{p(w|e)}{p(w_{\neg r}|e_{\neg r}) p(w_r)} \cdot \frac{p(e|z)}{p(e_{\neg r}|z_{\neg r})} \cdot \frac{p(z)}{p(z_{\neg r})} \\
&\propto \frac{\Gamma(n_e^{(w_r)} + \boldsymbol{B}^0(e)_{w_r}) \Gamma\left(\sum_{v=1}^{N} n_{e,\neg r}^{(v)} + \boldsymbol{B}^0(e)_v\right)}{\Gamma(n_{e,\neg r}^{(w_r)} + \boldsymbol{B}^0(e)_{w_r}) \Gamma\left(\sum_{v=1}^{N} n_e^{(v)} + \boldsymbol{B}^0(e)_v\right)} \times
\end{aligned}$$

第 4 章 CQA 问题查询的命名实体消歧

$$\frac{\Gamma(n_k^{(e)} + \Lambda^0(k)_e) \Gamma\left(\sum_{j=1}^{M} n_{k,\neg}^{(j)} + \Lambda^0(k)_j\right)}{\Gamma(n_{k,\neg}^{(e)} + \Lambda^0(k)_e) \Gamma\left(\sum_{j=1}^{M} n_k^{(j)} + \Lambda^0(k)_j\right)} \times$$

$$\frac{\Gamma(n_i^{(k)} + A^0(q_i)_k) \Gamma\left(\sum_{l=1}^{K} n_{i,\neg}^{(l)} + A^0(q_i)_l\right)}{\Gamma(n_{i,\neg}^{(k)} + A^0(q_i)_k) \Gamma\left(\sum_{l=1}^{K} n_i^{(l)} + A^0(q_i)_l\right)}$$

$$= \frac{n_{e,\neg}^{(w_r)} + B^0(e)_{w_r}}{\sum_{v=1}^{N} n_{e,\neg}^{(v)} + B^0(e)_v} \cdot \frac{n_{k,\neg}^{(e)} + \Lambda^0(k)_e}{\sum_{j=1}^{M} n_{k,\neg}^{(j)} + \Lambda^0(k)_j} \cdot \frac{n_{i,\neg}^{(k)} + A^0(q_i)_k}{\sum_{l=1}^{K} n_{i,\neg}^{(l)} + A^0(q_i)_l} \quad (4\text{-}4)$$

式中，$n_e^{(v)}$ 表示语料库中词项 v 被赋予实体 e 的次数，$n_k^{(e)}$ 表示实体 e 被赋予话题 k 的次数，$n_i^{(k)}$ 表示话题 k 被赋予文档 d_i 的次数。$B^0(e)_v$、$\Lambda^0(k)_e$ 和 $A^0(q_i)_k$ 分别表示词项 v 在实体 e 下、实体 e 在话题 k 下以及话题 k 在文档 d_i 下的先验概率。

通过不断地迭代采样与更新，可以利用公式(4-4)从训练文档中估计 Λ 和 Φ。然而，实际上可以发现 A^0、Λ^0 和 B^0 的取值相较于统计次数来说太小，不足以对参数上述估计产生影响。因此，这里引入了三个平滑参数 $\{\delta_a, \delta_b, \delta_\lambda\}$，来调节先验知识对参数估计的影响。因此 $p(z_r=k, e_r=e | z_\neg, e_\neg, w)$ 变为

$$p(z_r=k, e_r=e | z_\neg, e_\neg, w)$$

$$\propto \frac{n_{e,\neg}^{(w_r)} + B^0(e)_{w_r} \cdot \delta_b}{\left(\sum_{v=1}^{N} n_{e,\neg}^{(v)}\right) + \delta_b} \cdot \frac{n_{k,\neg}^{(e)} + \Lambda^0(k)_e \cdot \delta_\lambda}{\left(\sum_{j=1}^{M} n_{k,\neg}^{(j)}\right) + \delta_\lambda} \cdot \frac{n_{i,\neg}^{(k)} + A^0(q_i)_k \cdot \delta_a}{\left(\sum_{l=1}^{K} n_{i,\neg}^{(l)}\right) + \delta_a} \quad (4\text{-}5)$$

算法 1 模型训练中的 Gibbs 采样算法

输入：语料库 D，实体集 $E = \bigcup i=1:T(Ed_i)$，$A^0, B^0, \Lambda^0, \{Cq_i\}Ti=1$，参数 $\{\mu, \eta, \delta a, \delta b, \delta \lambda\}$

输出：Φ, Λ

//初始化

for each $w_r, r=\{i,u\}, i \in \{1,\cdots,T\}, u \in \{1,\cdots,l_{d_i}+s_{d_i}\}$ **do**

    if w_r is a mention **then**

        sample$(z_r, e_r) \sim A^0(q_i)_z \cdot \Lambda^0(z)_e \cdot B^0(e)_{w_r}$, where $e \in E_{d_i}(w_r)$, $z \in C_{q_i}$.

    else

        sample$(z_r, e_r) \sim A^0(q_i)_z \cdot \Lambda^0(z)_e \cdot B^0(e)_{w_r}$, where $e \in E_{d_i}, z \in C_{q_i}$.

```
        end if
    end for
//Gibbs 采样的 burn-in 和 sampling 阶段
while not finished do
    for each $w_r, r=\{i,u\}, i\in\{1,\cdots,T\}, u\in\{1,\cdots,l_{d_i}+s_{d_i}\}$ do
        if wr is a mention then
            sample$(z_r,e_r)\sim$Equation(4-5), $e\in E_{d_i}(w_r), k\in C_{q_i}$.
        else
            sample$(z_r,e_r)\sim$Equation(4-5), $e\in E_{d_i}, k\in C_{q_i}$.
        end if
    end for
    //检查是否收敛并读取参数结果
    if converged and L sampling iterations since last read out then
        read out $\Phi$ and $\Lambda$ according to Equation (4-6).
    end if
end while
```

算法 1 给出了模型训练所使用的 Gibbs sampling 算法,其中 D 表示训练预料中的 T 篇文档所构成的集合,E_{d_i} 表示文档 d_i 中出现的所有实体指称的候选实体构成的集合,$E_{d_i}(w_r)$ 表示实体指称 w_r 的候选实体集,C_{q_i} 表示文档 d_i 中问题 q_i 的前 10 个最有可能的类别。算法 1 的复杂度 $O(N_{\text{total}}\overline{E_d}K)$,其中 N_{total} 是训练语料中的总词数,$\overline{E_d}$ 是平均每篇文档所包含的候选实体个数,K 是话题(类别)总数。在算法 1 收敛或达到最大迭代次数后,使用如下计算方法来估计 Φ 和 Λ:

$$\Phi_{e,w}=\frac{n_e^{(w)}+\boldsymbol{B}^0(e)_w\cdot\delta_b}{\sum_{v=1}^N n_e^{(v)}+\delta_b},\Lambda_{k,e}=\frac{n_k^{(e)}+\boldsymbol{\Lambda}^0(k)_e\cdot\delta_\lambda}{\sum_{j=1}^M n_k^{(j)}+\delta_\lambda} \quad (4-6)$$

式中,$\Phi_{e,w}$ 度量了词项 w 在实体 e 下的似然概率,$\Lambda_{k,e}$ 度量了实体 e 属于话题(类别)k 的概率。

有了 Φ 和 Λ 的估计之后,通过与算法 1 类似的采样算法来推断测试问题中实体指称的指向实体。两个算法的区别仅在于后者分别使用估计到的 Φ_{e,w_r} 和 $\Lambda_{k,e}$ 替换公式(4-5)中的 $\frac{n_{e,\neg r}^{(w_r)}+\boldsymbol{B}^0(e)_{w_r}\cdot\delta_b}{(\sum_{v=1}^N n_{e,\neg r}^{(v)})+\delta_b}$ 和 $\frac{n_{k,\neg r}^{(e)}+\boldsymbol{\Lambda}^0(k)_e\cdot\delta_\lambda}{(\sum_{j=1}^M n_{k,\neg r}^{(j)})+\delta_\lambda}$。在算法收敛或

达到最大迭代次数后,通过计算 $p(e|q) = \dfrac{n_q^{(e)}}{N_q}$ 对问题 q 进行命名实体消歧,其中 $n_q^{(e)}$ 表示实体 e 被赋予问题 q 的采样次数,N_q 是问题 q 的总采样次数。

4.5 实验

本小节对所提方法在社区问答系统中问题查询的实体消歧表现进行测评。

4.5.1 实验设置

1. 数据集

社区问答系统元数据:本书分别从 Yahoo! Answers 和百度知道中爬取了 128 851 369 个英文问题以及 66 550 604 个中文问题,爬取内容包括问题标题、问题描述、问题类别和相应的答案。雅虎数据中问题的叶子类别有 984 个,百度数据中有 1 658 个。这里使用两个数据集中的问题标题和问题类别训练朴素贝叶斯分类器,之后采用 4.4.3 小节所提出的方法估计 $\mathbf{A}^0$ 和 $\mathbf{\Lambda}^0$。

百科知识元数据:为识别问题中的实体指称和候选实体,需要构建实体指称到候选实体的匹配字典。按照 4.4.1 小节所描述的字典构建方法,从维基百科 2013 年 5 月 3 日的备份数据中构建了一个英文匹配字典。因为百度百科没有公开的备份数据,这里从百度百科网站中爬取了五百万的百科页面,在此基础上构建了一个中文字典。最终,这里所使用的百科知识库包含近 3 000 万英文实体和 4 716 249 个中文实体。除了构建匹配字典外,这里还利用这两个知识库计算实体的流行度(popularity)。

训练数据集:首先利用 4.4.1 小节所提出的方法,从爬取到的 CQA 问题数据中识别实体指称和相应的候选实体,之后对问题进行过滤,仅保留至少包含一个实体指称的问题。从这些数据中,随机抽取一些样本进行人工标注,构建测评数据集。表 4-3 所示为中英文两个训练数据集的总体情况。平均每个英文问题文档包含 17.7 个实体指称,每个实体指称平均包含 5.1 个候选实体。每个中文问题文档包含 37.3 个实体指称,每个实体指称平均包含 2.5 个候选实体。

表 4-3 中英文训练数据集概览

统计类型	Yahoo! Answer	百度知道
问题标题个数	120 000	120 000
问题描述个数	94 624	61 131

续表

统计类型	Yahoo! Answer	百度知道
答案个数	599 810	436 643
词表大小	149 307	162 487
总词数	16 138 148	10 673 456

测试数据集:从已过滤的问题数据中,随机抽取了6 000个中文问题和2 000个英文问题来构建测试数据集。注意这些问题并没有包含在训练数据集中。我们聘请了相应的母语标注人员对测试数据进行标注,即根据问题上下文为每一个识别出的实体指称从候选实体列表中选择一个正确的指向实体。标注人员首先浏览维基百科和百度百科网站,通过阅读候选实体介绍对实体指称进行标注。如果通过百科页面不能做出判断,则需要借助于搜索引擎进一步查找相关资料来辅助判断。如果候选实体列表中不存在正确的指向实体,则将实体指称标注为"NIL"。标注结束后,去掉标注为"NIL"的实体指称以及因此不包含任何实体指称的问题,最后测试数据包含1 686个英文问题和5 101个中文问题。平均每个英文问题包含1.55个带标注的实体指称,中文问题平均有1.63个带标注的实体指称。这些数据已全部在GitHub网站上公开,详见链接 https://github.com/NEDstudy/NEDforCQA。最后,按3∶1的比例随机将这些标注数据分为测试集和验证集。

为实现本书所提出的话题模型,还需要估计词在实体上的先验分布 B^0。本节利用 Sen[11] 作中表现最好的模型从百科数据中估计 B^0。为权衡效率和效力,首先收集了训练数据和标注数据中出现的所有可能的候选实体,然后根据收集到的实体分别从维基百科和百度百科中构建了两个百科知识子集,最后在中英文两个百科知识子集中学习联合的上下文感知话题模型,用于估计 B^0。表4-4所示为中英文百科知识子集的一些细节。

表4-4 中英文百科知识子集详情

统计类型	维基百科	百度百科
实体个数	32 100	36 636
超链接个数	542 875	676 348
词表大小	384 191	334 198
总词数	23 274 551	46 252 998

2. 比对方法

本书选用如下方法作为比对方法。

Cosine：我们首先将实体指称和候选实体用词向量模型表示，并使用 tf×idf 作为词项的维度值，然后计算两个向量的余弦相似度作为实体指称和候选实体之间的相似度，最后选择与实体指称相似度最高的候选实体作为消歧结果。其中，候选实体的词向量由实体标题和知识库中它的第一段描述文本构成，测试问题中实体指称的词向量则由该指称出现的上下文信息构成。

LDA：由于本书使用了基于话题模型的消歧算法，所以考虑将传统的 LDA 模型[28]作为一个对比方法。具体而言，首先使用与所提模型相同的训练数据对 LDA 模型进行训练。对于测试数据中的每一个实体指称 m，利用它出现的上下文信息构建文档 D_m。对于每一个实体，定义 $Co_e = V_e \cap V_{D_m}$，其中 V_e 是出现在实体标题以及知识库中第一段描述文本的词项构成的集合，V_{D_m} 表示 D_m 中的词项集，采用公式(4-7)为 m 预测指向实体：

$$\mathop{\arg\max}\limits_{e} \prod_{w \in Co_e} \sum_z p(w|z) \times p(z|D_m) \tag{4-7}$$

式中，z 指 LDA 中的话题。

AIDA：AIDA 是当前比较有名的一个命名实体消歧系统[12]，它利用实体指称和候选实体加权图来找到实体指称和候选实体之间的最佳匹配。在具体实现中，本书利用了它的开源代码(https://github.com/yago-naga/aida)，在实体指称识别阶段，将其原有方法替换为与所提模型一致的识别方法，在此基础上直接利用 AIDA 已训练好的模型对测试问题中识别出的实体指称进行消歧。

Wikifier 2.0：伊利诺伊大学的 Wikifier 也是一款著名的命名实体消歧系统[9]。Wikifier 利用了一种基于混合策略的机器学习技术将实体流行度、上下文相似度以及话题一致性等特征融合在一起，在长文本命名实体消歧中取得了不错的效果。Wikifier 2.0[30]在原有版本基础上引入了关系推理，进一步提升了消歧准确率。本书同样利用开源代码(http://cogcomp.cs.illinois.edu/page/download_view/Wikififier)来实现 Wikifier 2.0，并将该系统要求的输入实体指称设为所提方法识别出的实体指称。

ET Model：文献[31]提出了一种实体-话题生成模型，综合对上下文相容性、主题连贯性以及它们之间的关联进行建模，在命名实体消歧任务中取得了不错的消歧准确率。如果去掉先验知识，所提模型与 ET 模型的简单版本类似。本书将其作为一个比对方法，用于测试先验知识的弱监督效用。

CA+20G：本书利用文献[11]中表现最好的话题模型来估计 B^0，因此将该模型列为一个比对方法。可以直接将该模型应用到 CQA 问题的命名实体消歧中，并将其记为 CA+20G。

Simple Version：文书利用先验知识来辅助进行消歧。为考察先验知识的有效性，将先验知识替换为原来的凭经验设定的 Dirichlet 先验的超参数，并将这一模型记为 Simple Version。注意 Simple Version 与所提模型拥有相同的生成过程。

3. 评价标准

当且仅当实体 e 是实体指称 m 正确的指向实体时，实体指称和实体对 $\langle m, e \rangle$ 才判定为真。本书使用微平均精度（micro-averaged accuracy）和宏平均精度（macro-averaged accuracy）作为评测指标，分别记为 A_{micro} 和 A_{macro}。微平均精度指所有出现的实体指称中被正确消歧的实体指称所占的百分比，而宏平均精度则将同一个实体指称视为一个类别，逐一计算各类别的消歧准确率，再在所有类别上取平均来衡量消歧算法的整体消歧效果。

4.5.2 参数调整

本书对各个模型的参数做如下调试。在 LDA 和 CA+20G 的训练过程中，将狄利克雷先验的超参数统一设置为 0.01；在 ET 模型的训练中，参照 han 等人的工作[31]进行参数设置；对于 LDA 模型，从 {10, 20, 30, 40, 50} 为其选择潜在的话题个数；在本书所提模型的训练中，从 {0.1, 0.2, ⋯, 0.9} 中为公式(4-3)中的 μ 和公式(4-2)中的 η 选择调试参数值，并将缩放参数 $\{\delta_a, \delta_\lambda, \delta_b\}$ 的取值范围设定为 {10, 100, 1 000, 10 000, 100 000, 1 000 000}，对于所有的 Gibbs 采样算法，将最大迭代次数设置为 500。经过在中英文数据验证集上调试后，最终将 μ 设为 0.1，η 为 0.4。在 Yahoo！数据上，$\delta_a = \delta_\lambda = \delta_b = 100$，在百度数据上，$\delta_a = \delta_\lambda = \delta_b = 1\,000\,000$。

4.5.3 评测结果

表 4-5 所示为各算法在应用场景一（包含问题标题和元数据）下中英文两个数据集上的评测结果，表 4-6 所示为应用场景二（仅包含问题标题）下的相应评测结果。注意由于 AIDA 和 Wikifier 2.0 仅支持英文，所以本节仅在英文 Yahoo！数据集上对两者进行了评测。

表 4-5　各算法在场景一下的评测结果（测试问题包含全部元数据）

消歧方法	Yahoo! Answers		百度知道	
	A_{micro}	A_{macro}	A_{micro}	A_{macro}
Simple	52.78	65.36	57.68	69.11
LDA	53.62	64.55	60.83	70.48

第4章 CQA问题查询的命名实体消歧

续表

消歧方法	Yahoo! Answers		百度知道	
	A_{micro}	A_{macro}	A_{micro}	A_{macro}
Cosine	61.81	69.99	67.10	75.56
AIDA	63.68	70.21	—	—
Wikifier 2.0	68.29	73.35	—	—
ET Model	74.11	79.25	62.17	72.31
CA+20G	74.30	79.29	70.73	77.63
Our Model	78.10	82.37	73.40	79.27

表4-6 各算法在场景二下的评测结果（测试问题仅包含问题标题）

消歧方法	Yahoo! Answers		百度知道	
	A_{micro}	A_{macro}	A_{micro}	A_{macro}
Simple	52.56	64.83	57.67	69.11
LDA	53.42	64.45	60.49	70.46
Cosine	55.78	67.26	65.05	73.88
AIDA	59.01	67.17	—	—
Wikifier 2.0	67.25	72.66	—	—
ET Model	72.58	78.99	60.27	71.06
CA+20G	72.78	79.34	69.85	76.63
Our Model	77.49	81.26	73.35	79.40

表4-5和表4-6的测评结果一致。可以看到，在两种应用场景下，所提模型在中英文两个数据集上的消歧表现均优于各比对算法，并能够显著地提升消歧准确率（符号检验，P值< 0.05）。

具体来看，所提模型的简单版本（Simple Version）和LDA没有使用任何先验知识，仅利用CQA中的元数据信息进行消歧，在中英文两个数据集上表现很差。这说明外部知识对于命名实体消歧任务非常重要。Cosine在CQA问题命名实体消歧中的表现也很差，因为CQA问题中实体指称的上下文和知识库中的实体描述不匹配。AIDA在此任务中表现的并不理想。由于问题文本较短，AIDA所构建的实体指称和候选实体关联图比较稀疏，因而基于图的消歧方法表现欠佳。

知识驱动的 Web 查询处理技术

Wikifier 2.0 是长文本命名实体消歧任务中表现较好的 NED 系统,然而在 CQA 问题命名实体消歧中的表现远不如 ET 模型和 CA+20G。ET 模型在英文数据集中表现的与 CA+20G 一样好,但在中文数据集上则差很多。这很可能是由于百度百科文章中的超链接信息含有较多噪声,影响了依赖于超链接信息获取先验知识的 ET 模型质量。所提模型表现最佳,相较于表现最好的比对方法 CA+20G,微平均精度在两个数据集上分别提升了 3.8% 和 2.67%。这表明将从长文本知识库中提取的先验知识直接应用于 CQA 问题命名实体消歧并不适用,因为 CQA 和知识库之间存在用语差异。所提模型通过将先验知识作为超参数来对模型训练进行弱监督,能够在 CQA 与知识库两种用语间建立联系,从而显著地提升问题中命名实体的消歧精度。

如表 4-6 所示,相较于场景一,各算法在场景二上的消歧表现普遍有所下降。尤其是 Cosine 和 AIDA,当测试问题仅包含问题标题时,两者的消歧准确率大幅下降了至少 4.67%。这说明命名实体消歧问题在问题检索和问题推荐等仅包含问题标题的任务中更具挑战。另一方面,在没有利用元数据的情况下,所提方法的消歧表现仅小幅下降,这进一步说明了先验知识的效用,也表明所提方法具有一定的鲁棒性。

4.5.4 讨论

本小节首先通过示例来说明所提模型是如何优于已有模型的,然后进一步调查了所提模型学到的实体与词项之间的关联关系 Φ 与从维基百科中学到的先验知识 B° 之间的区别。

1. 所提模型与 CA+20G 之间的量化比较

所提模型的成功之处在于它可以灵活利用从 CQA 和知识库中学到的不同类型的先验知识。下面本书通过两个例子来作进一步说明。

表 4-7 所示为场景一下的一个问题样例,其中待测问题包括问题标题、类别、描述以及相关答案。该问题中实体指称"CK"的正确指向实体为"Calvin Klein"。CA+20G 未能正确识别出"CK"的指向实体,主要因为 CQA 与维基百科中有关"Calvin Klein"的描述用语存在较大差别。比如,在这个示例中,可以通过类似"smell"和"soft"的上下文词项很容易地识别出"CK"指的是香水品牌"Calvin Klein",但是这些 CQA 中的上下文词项并没有在维基百科的实体描述页面中出现。因此,CA+20G 无法学习到这些 CQA 上下文词汇与"Calvin Klein"之间的关联。另一方面,"Calvin Klein"作为一个香水品牌,比电影"Citizen Kane"更可能出现在在 Men's Health 类别中。所提模型综合利用了从 CQA 元数据中学到的实体与词项间的关联信息以及实体类别信息,从而能正确识别出这里"CK"的指向实体。

第 4 章 CQA 问题查询的命名实体消歧

表 4-7 所提模型与 CA+20G 关于实体指称"CK"的消歧结果

消歧结果	人工标注 Calvin Klein	所提模型 Calvin Klein	CA+20G Citizen Kane
上下文信息	Question：Do the "CK in 2 u" for him **smell** the same as the women's **perfume** Answer：Nope. It's actually **smell** diff erent. It's kinda **soft**, not sport though. … Category：Men's Health		

表 4-8 所示为场景二下的一个问题样例。场景二下待测问题仅包含问题标题。该问题中实体指称"NWS"指的是"National Weather Service"。由于问题查询仅包含很少的词项，且 CQA 与维基百科之间存在用语差异，CA+20G 未能正确对其进行消歧。但所提模型能够通过学习获取到以下知识：①该问题具有较大概率属于 Weather 类别；②"National Weather Service"比"News Corporation"更可能出现在 Weather 类别。因此，它能够有效利用这些外部知识，正确推断出"NWS"在此上下文中的指向实体。

表 4-8 所提模型与 CA+20G 关于实体指称"NWS"的消歧结果

消歧结果	人工标注 National Weather Service	所提模型 National Weather Service	CA+20G News Corporation
上下文信息	Question：NWS says that a **storm** is moving east and northeast but from what I see it is moving east		

2. Φ 与 B^0 之间的量化比较

通过进一步分析，得到一个有趣的发现：通过将从维基百科中学到的实体与词项之间的关联关系作为所提模型的先验知识 B^0，所提模型在为实体指称选择相关词项时能同时考虑 CQA 和维基百科中的上下文信息，最终学到一个完整的结合 CQA 与知识库两种描述用语的词项与实体之间的关联关系。表 4-9 所示为一些样例，其中所提模型学到的 Φ 与 CA+20G 从维基百科中学到的 B^0 分别给出了与相应实体最相关的前 15 个词项。从词表我们可以看到非常有意思的结果，比如，对于 Eclipse（日食）这一实体，维基百科中相关的描述大多与日食现象和产生原理相关。而在 CQA 中，除了这些以外，人们也非常关心 when（何时）、where（何地）能 see（看到）日食等问题。通过利用从维基百科中学到的先验知识在 CQA 元数据进行学习，所提模型能够将 CQA 和知识库两种语言结合到一起，从而为每一个实体学到更加全面的词汇描述信息。

表 4-9 Φ 与 B^0 之间的量化比较

实体	Φ 中前 15 个最相关的词项	B^0 中前 15 个最相关的词项
Apple Inc.	apple; iphone; **use**; **application**; **criticism**; **music**; **store**; product; **user**; itunes; **apis**; **criticize**; make; company; price	apple; apple inc.; company; jobs; product; iphone; year; introduce; announce; mac; apple computer; sell; computer; ipad; release
Java (programming language)	java; use; class; **need**; method; **try**; **download**; **run**; void; static; method; **import**; **main**; **problem**; create	java; class; method; use; code; object; program; sun; call; applet; language; name; java programming language; provide; create
Eclipse	eclipse; see; pilate; **take**; **jesus**; **when**; **where**; time; duration; darken; **look**; place; report; cover; event	eclipse; darkness; crucifixion; solar; occur; hour; year; account; minute; moon; use; record; date; jerusalem; pilate

◆ 本章小结 ◆

本章首次对面向 CQA 问题的命名实体消歧任务进行了研究，提出了一种新的基于话题模型的命名实体消歧方法。所提模型能够模拟 CQA 用户的产生问题与答案的行为，以一种弱监督的方式进行模型学习，并将从 CQA 和知识库元数据中学到的不同类型的先验知识灵活运用于学习过程中。实验结果表明所提模型在 CQA 问题实体消歧任务中显著优于现有消歧方法。

◆ 本章参考文献 ◆

[1] Dai H K, Zhao L, Nie Z, et al. Detecting online commercial intention (OCI)[A]. WWW[C], 2006.

[2] Dredze M, McNamee P, Rao D, et al. Entity disambiguation for knowledge base population[A]. Proceedings of the 23rd International Conference on Computational Linguistics[C], 2010: 277-285.

[3] Zhang K, Wu W, Wu H, et al. Question Retrieval with High Quality Answers in Community Question Answering[A]. Proceedings of the 23rd

ACM Conference on Information and Knowledge Management[C], 2014: 371-380.

[4] Sun K, Cao Y, Song X, et al. Learning to recommend questions based on user ratings[A]. Proceedings of the 18th ACM Conference on Information and Knowledge Management[C], 2009: 751-758.

[5] Khalid M A, Jijkoun V, De Rijke M. The impact of named entity normalization on information retrieval for question answering[M]. Advances in Information Retrieval. Springer, 2008: 705-710.

[6] Mihalcea R, Csomai A. Wikify!: linking documents to encyclopedic knowledge[A].CIKM[C]. ACM, 2007: 233-242.

[7] Cucerzan S. Large-Scale Named Entity Disambiguation Based on Wikipedia Data[A].EMNLCoNLL[C], 2007: 708-716.

[8] Bunescu R C, Pasca M. Using Encyclopedic Knowledge for Named entity Disambiguation[A]. Proceedings of the 11th Conference of the European Chapter of the Association for Computational Linguistics[C], 2006: 9-16.

[9] Ratinov L, Roth D, Downey D, et al. Local and global algorithms for disambiguation to wikipedia[A]. ACL-HLT[C]. ACL, 2011: 1375-1384.

[10] Milne D, Witten I H. Learning to link with wikipedia[A]. CIKM[C]. ACM, 2008: 509-518.

[11] Sen P. Collective context-aware topic models for entity disambiguation [A]. Proceedings of the 21st international conference on World Wide Web [C], 2012: 729-738.

[12] Hoffffart J, Yosef M A, Bordino I, et al. Robust disambiguation of named entities in text[A]. EMNLP[C]. ACL, 2011: 782-792.

[13] Ferragina P, Scaiella U. Tagme: on-the-flfly annotation of short text fragments (by wikipedia entities)[A]. CIKM[C]. ACM, 2010: 1625-1628.

[14] Cheng X, Roth D. Relational inference for wikifification[A]. Proceedings of the 2013 Conference on Empirical Methods in Natural Language Processing[C], 2013: 1787-1796.

[15] Wang F, Wang Z, Wang S, et al. Exploiting Description Knowledge for Keyphrase Extraction[A]. Proceedings of the 13th Pacifific Rim International Conference on Artifificial Intelligence[C], 2014: 130-142.

[16] Alhelbawy A, Gaizauskas R. Graph Ranking for Collective Named Entity Disambiguation[A]. ACL[C]. ACL, 2014: 75-80.

[17] Pershina M, He Y, Grishman R. Personalized Page Rank for named entity disambiguation[A]. Proceedings of the 2015 Annual Conference of the North American Chapter of the ACL, NAACL HLT[C], 2015: 238-243.

[18] He Z, Liu S, Li M, et al. Learning Entity Representation for Entity Disambiguation[A]. Proceedings of the 51st Annual Meeting of the Association for Computational Linguistics[C], 2013: 30-34.

[19] Sun Y, Lin L, Tang D, et al. Modeling mention, context and entity with neural networks for entity disambiguation[A]. Proceedings of the International Joint Conference on Artifificial Intelligence[C], 2015: 1333-1339.

[20] Huang H, Heck L, Ji H. Leveraging deep neural networks and knowledge graphs for entity disambiguation[M]. arXiv preprint arXiv: 1504.07678. 2015.

[21] Yamada I, Shindo H, Takeda H, et al. Joint Learning of the Embedding of Words and Entities for Named Entity Disambiguation[M]. arXiv preprint arXiv:1601.01343. 2016.

[22] Blanco R, Ottaviano G, Meij E. Fast and space-effiffifficient entity linking for queries[A]. Proceedings of the 8th ACM International Conference on Web Search and Data Mining[C], 2015: 179-188.

[23] Meij E, Weerkamp W, Rijke M. Adding semantics to microblog posts[A]. Proceedings of the 5th ACM international conference on Web Search and Data Mmining[C], 2012: 563-572.

[24] Liu X, Li Y, Wu H, et al. Entity Linking for Tweets[A]. Proceedings of the 51st Annual Meeting of the Association for Computational Linguistics[C], 2013: 1304-1311.

[25] Han X, Sun L. A generative entity-mention model for linking entities with knowledge base[A]. Proceedings of the 49th Annual Meeting of the Association for Computational Linguistics: Human Language Technologies[C], 2011: 945-954.

[26] Li Y, Wang C, Han F, et al. Mining evidences for named entity disambiguation[A]. Proceedings of the 19th ACM SIGKDD international conference on Knowledge Discovery and Data Mining[C], 2013: 1070-1078.

[27] Li Y, Tan S, Sun H, et al. Entity Disambiguation with Linkless Knowledge Bases[A]. Proceedings of the 25th International Conference on World Wide Web[C], 2016, 1261-1270.

[28] Blei D M, Ng A Y, Jordan M I. Latent dirichlet allocation[M]. Journal of machine Learning research. 2003: 993-1022.

[29] Ramage D, Hall D, Nallapati R, et al. Labeled LDA: A supervised topic model for credit attribution in multi-labeled corpora[A]. Proceedings of the 2009 Conference on Empirical Methods on Natural Language Processing[C], 2009: 248-256.

[30] Cheng X, Roth D. Relational Inference for Wikifification[A]. EMNLP'13 [C]. ACL, 2013.

[31] Han X, Sun L. An entity-topic model for entity linking[A]. Proceedings of the 2012 Joint Conference on Empirical Methods in Natural Language Processing and Computational Natural Language Learning[C], 2012: 105-115.

第 5 章

基于大规模实体网络的相关实体查询推荐

◆ 5.1 研究背景 ◆

查询推荐[1,2,3]旨在向用户推荐与其输入的查询相关的查询。该技术不仅能帮助用户定位搜索意图,还能够为用户提供与原查询相关的不同查询,引导或预测用户的下一步查询,是改善用户搜索体验、提高搜索引擎服务质量的一种重要方法。由于查询推荐对于搜索引擎的重要性以及其本身巨大的实用价值和经济效益,近年来查询推荐技术研究受到广泛关注。已有的研究工作大多以查询日志[1,4]或查询相关文档[5]为数据源,采用基于查询词项[4,6]、查询共点击[1]或查询共现[7]的相关性计算方法进行相关查询推荐,较多地关注推荐内容的相关性,而对于引导和启发用户的点击兴趣方面研究得较少。

仅仅考虑推荐内容与原查询的相关性不足以保证推荐内容的有用性和推荐效果[8],尤其对实体查询而言。本书将仅由一个实体构成的查询称为实体查询,比如"iphone 6""Tom Cruise""Facebook"等。实体查询作为 Web 查询的一个重要组成部分,在产品搜索、图片搜索等垂直搜索引擎中极为常见。由于实体查询的长度很短,且可能存在歧义性,在这种情况下准确捕捉用户的查询意图非常困难。如果仅考虑推荐内容与原实体查询的相关性,很可能造成冗余推荐。如图 5-1 所示,给定查询"iphone 6",搜索引擎常常推荐"iphone 6s""iphone 7""iphone 6plus"等相关但略显重复的内容。

面向实体查询的相关实体推荐旨在向用户推荐与原查询实体在不同方面或话题下相关的用户感兴趣的不同实体,对于引导用户查询意图、启发用户点击兴趣具

第 5 章 基于大规模实体网络的相关实体查询推荐

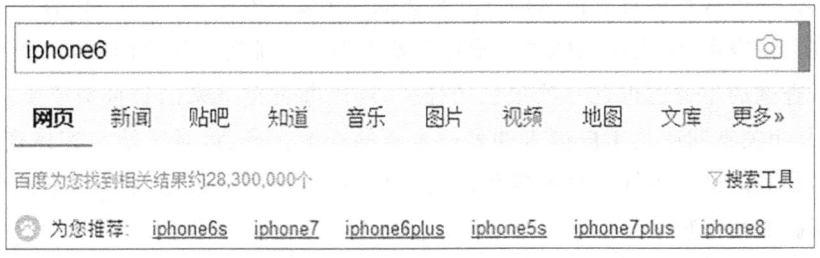

图 5-1 搜索引擎对于"iphone 6"的推荐截图

有重要作用。比如在产品搜索中,当用户搜索"iphone 6"时,用户往往想要了解"iphone 6"的相关信息,并将其与同类产品作比较,从而做出购买决策。这时,推荐"galaxys7"和"oppo r9",将有利于用户尽快做出购买决策,激发用户的点击兴趣。相关实体推荐技术用途广泛,比如对象级(object-level)搜索引擎[9]就需要返回与用户感兴趣的与初始查询相关的实体列表。如图 5-2 所示,主流的搜索引擎都已经推出了相关实体推荐接口。

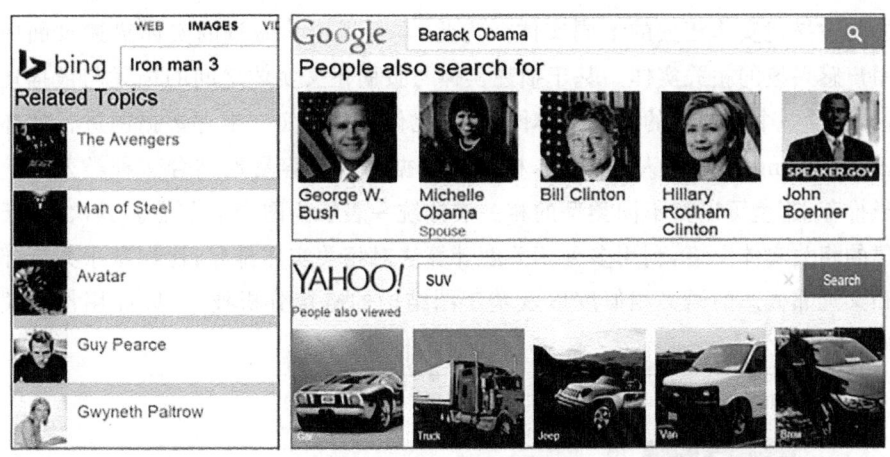

图 5-2 主流搜索引擎的相关实体推荐产品示例

推荐用户感兴趣的相关实体存在三方面的挑战问题。首先,用户感兴趣的实体多种多样,很难定义哪一类实体关系用户会感兴趣,比如给定查询"ipad",用户可能会对其同类产品"Surface"感兴趣,也可能想了解其相关产品"iphone 6s",或者想知道其生产商"apple inc."的最新动向等。其次,从哪里以及如何挖掘出用户感兴趣的相关实体也是一项挑战。查询日志中存在相关实体查询,比如在一个查询会话(session)中,用户在前一时刻搜索"Tom Cruise",在下一时刻搜索了"Suri Cruise",那么可以认为"Suri Cruise"是一个与"Tom Cruise"相关的用户感兴趣的查询实体。但从查询日志挖掘用户感兴趣的相关实体绝非易事,比如,由于查询日志存在大量噪声,仅实体识别这一子任务就面临巨大挑战。与此同时,在查询会话中判断查询的相关性也是一项艰巨的任务,难以断言接下来的查询对于上一查询来说,是相关查询还是用户输入的另一个新的查询。最后,对于给定实体查询,如何对搜集到的诸多不同类型的实体进行排序,推荐给用户最相关的实体查询也是需要解决的另一难题。

针对以上问题,本书提出了一种新的相关实体推荐方法。具体而言,该方法主要分为两个步骤。首先,从 Web 中获取大量的用户感兴趣的相关实体,以此为新的数据源进行实体推荐。出于共享或销售推广的目的,Web 中存在大量描述或介绍某一实体的页面,比如维基百科页面和电子商务网站中的产品页面等。定义用户感兴趣的相关实体非常困难,但通过观察发现在实体描述页面,页面创建者常常会提到其所感兴趣的与被描述实体相关的不同实体。如图 5-3 所示,在 Movie.com 电影网站中"Spectre"的一个描述页面,可以很容易找到用户感兴趣的相关实体,比如其男主演"Daniel Craig"和导演"Sam Mendes"等。这些页面中蕴含着丰富的与被描述实体相关的不同实体。为此,本书提出从海量的实体描述页面中抽取用户感兴趣的相关实体。基于描述实体与页面正文实体之间的描述与被描述关系,构建了一个大规模的相关实体网络,以此作为相关实体推荐数据源进行实体推荐。正如 Sangkeun 等人[10]所述,构建图数据可以很容易地结合多种类型的信息用于推荐,这里可以将不同类型的相关实体统一表示为图中的节点。其次,基于所构建的相关实体网络,利用多种相关度计算法对相关实体排序,比如基于共近邻实体和共近邻概念的语义相似度以及基于图结构的链接分析技术,以此用作相关实体推荐。

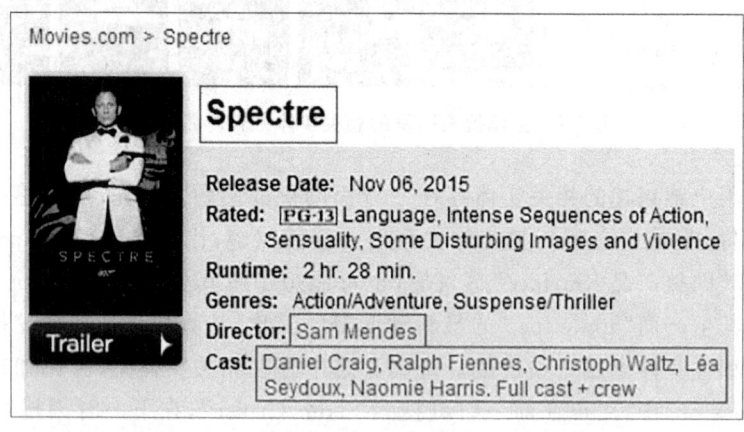

图 5-3 源自 Movie.com 描述 Spectre 的页面截图

第5章 基于大规模实体网络的相关实体查询推荐

本书设计了大量实验验证了所提方法的有效性。与基于传统的文档级和句子级的共现关系所构建的相关实体网络相比,本书所构建的相关实体网络能够提供更高质量的相关实体。所提方法在推荐查询准确率和推荐新颖性两个评价指标中,均取得了不错的推荐效果。

◆ 5.2 相关工作 ◆

本章的研究内容涉及开放域信息抽取、实体排序、查询推荐以及关键词提取四个方面的内容,因此分别从这四个方面对相关工作进行简要介绍。

5.2.1 开放域的信息抽取

开放域的信息抽取(Open Information Extraction)最早由 Banko 等人[11]提出,旨在从海量的语料库(如万维网)中抽取所有潜在有用的事实信息,主要内容包括开放域的命名实体识别、指代消解、关系抽取和事件抽取等。本书聚焦于开放域的实体关系抽取。为尽可能抽取更多的关系,该任务并不指定所要抽取的具体关系类型。已有的工作可以分为两类:基于机器学习的方法和基于共现关系的方法。

基于机器学习的方法大多依赖于关系模式[12]或其他二元关系表达特性[13]。这类方法的关系抽取准确率较高,但召回率很低。Fader 等人[14]尝试引入更多的启发式规则来改进关系提取的整体质量。Lin 等人[15]综合利用文本数据和知识图谱推导新的关系事实。但是,实体之间的关系复杂多样,至今无人能给出所有实体关系的定义,而且实体关系至今没有统一的定义标准。基于机器学习的方法所得到的实体关系通常带有自定义的关系标签,并不利于与某一特定知识库中的关系进行融合[16]。此外,虽然基于机器学习的方法虽然能够获取大量实体关系,但这些关系仍过于具体,往往也不能直接在开放域的应用中使用。

基于共现关系的方法并不为抽取到的关系打标签,而是通过实体之间的共现频率对实体关系进行建模。Byrd 等人[17]首次提出未命名关系(unnamed relations)这一概念,用于表示统计上具有重要意义的实体共现关系。Radinsky 等人[18]的研究工作就利用共现关系计算词汇之间的相似度。但这些工作主要关注相似度度量,而不是实体关系提取。

本书从海量实体描述页面中提取大量相关实体。准确提取实体以及实体关系面临数据规模庞大、含有大量噪声、自然语言文本具有歧义性等多方面的挑战。本书使用一种简单有效的方法对该问题进行简化。具体而言,本书将被描述实体与其描述页面中出现的相关实体之间的多种关系统一表示为描述关系,利用标题与正文这种特殊的共现关系对实体相关度进行建模。实验结果表明所构建的相关实体网络能够提供高质量的相关实体。

5.2.2 实体排序

实体排序是信息检索领域的一个重要的子任务,旨在搜索与查询相关的实体并对实体进行排序作为检索结果返回给用户。国内外的研究人员提出了一些实体排序方法和技术。Zaragoza 等人[19]构建了一个实体牵制图(entity containment graph),基于该图利用互联网搜索引擎计算实体相关性。他们研究发现度无关的排序方法倾向于将非常常见的实体排在前面。Vercoustre 等人[20]在实体排序中使用了 Z-score、基于链接分析的排序得分和实体类别相似度得分。Schuhmacher 等人的工作[21]研究了基于文档、实体指称和知识库实体的不同特征在实体排序中的作用,发现结合不同的特征能取得最好的排序效果。Bordino 等人[22]从实体新颖性方面对实体进行排序。

本书基于大规模相关实体网络,采用基于链接分析和节点中心性的排序算法对相关实体进行排序。同时,本书通过大规模分类学知识库 Probase 引入实体概念信息,提出了基于实体共概念的排序方法。最后,本书采用基于排序学习的方法综合各方法的排序得分对相关实体进行排序。实验结果表明所提方法在推荐准确率和新颖性方面均取得了不错的实体排序效果。

5.2.3 查询推荐

查询推荐技术可以帮助用户定位搜索意图,已有大量相关研究工作,主要区别在于所使用的相关查询数据源和候选查询排序方法。当前许多研究[1,4,23,24]将与被推荐查询具有共现词项的查询作为候选推荐查询。但对于仅由一个实体构成的实体查询而言,包含该实体词的查询虽然与该实体查询相关,但这种推荐方法很可能造成冗余推荐。比如用户输入"iphone",向其推荐荐"iphone 6""iphone 6 plus"和"iphone 7"就显得有些重复和冗余,不利于用户体验。

与上述工作不同,Zhang 等人[25]和 He 等人[26]在查询推荐中考虑了用户查询的序列关系。Boldi 等人[27]利用查询日构建了查询流图(query-flflow graph),采用随机游走算法生成查询推荐。Szpektor 等人[28]提出了一种基于模版的方法改进长尾查询的推荐效果。Vahabi 等人[29]提出了一种垂直查询推荐方法,用以获取与用户输入查询没有共现词项的相关查询。Matthew[30]利用查询日志并抓取网页对用户知识进行建模,从填补用户知识缺陷的角度出发进行查询推荐。这些方法的确能够从查询日志和文档中挖掘用户感兴趣的相关查询。但是对于实体查询而言,由于查询日志中存在大量噪声,从查询日志中抽取相关实体本身就是一个极具

第 5 章　基于大规模实体网络的相关实体查询推荐

挑战性的问题。本书提出利用网络中海量的实体描述页面提取大量相关实体,以此作为新的推荐数据源进行相关实体推荐。

◆ 5.3　相关实体网络 ◆

本小节详细介绍所引入的相关实体网络(Related Entity Network,REN)。相关实体网络是一个有向图 $G_L = (V, E, \varphi)$,其中:

- $V = \{e_1, e_2, \cdots, e_n\}$ 是图中所有实体构成的集合,从百万级的实体页面中抽取而来;
- $E \subseteq V \times V$ 是图中有向边构成的集合;
- $\varphi: E \to R+$ 为权重度量函数,为每一个条边赋予一个权值 w。

本书使用图中节点表示实体,使用有向边 $\langle e_i, e_j \rangle$ 表示 e_j 是 e_i 的相关实体,说明 e_j 曾出现在 e_i 的描述页面中。图中每一条边都被赋予一个权值,用以表征两个相连实体之间的相关度。该权重值在相关实体排序中具有重要作用。不同的应用可能会有不同的排序需求。接下来,本书详细介绍相关实体网络的构建方法以及所构建的 G_{re} 的总体概况。

5.3.1　构建相关实体网络

本书首先爬取了大量的实体描述页面候选集,包括维基百科页面和从垂直电商网站中爬取的电影、音乐、书籍、产品等页面。然后,定义如下规则:如果某一网页的标题中包含且仅包含一个实体时,一般认为该网页是该实体的描述页面。基于这一规则,会识别出百万级的实体描述页面,在此基础上进行相关实体抽取。具体而言,本书分两步提取相关实体。

(1) 提取被描述实体:受到文章标题一般能够反映文章的主要内容这一事实的启发,本书提出从页面标题中提取被描述实体 $e_{d_i}^t$。具体地,给定一个网页,对其 HTML 代码进行解析,采用基于规则的方法从 head 标签中提取实体。以 Movies.com 网站中的"Spectre"页面为例,其中的 <title> 标签为 <title>Spectre — Movies.com<title>。可以很容易地定义规则来提取实体"Spectre":<title>(.*) — Movies.com<title>。这样一条规则即是一个封装器(wrapper)。从标注数据中推导抽取规则这一问题已被广泛研究[31-33]。本书参照 Dalvi 等人的工作[34]实现规则归纳,进而基于规则提取被描述实体。

(2) 抽取相关实体:给定某一被描述实体 e_i 的页面 d_i,进一步从中提取 e_i 的相关实体。本书采用基于词典与 CRF 模型机器学习相结合的混合实体识别方法来抽取相关实体。具体而言，本书使用 Freebase(https://developers.google.com/freebase/data)作为实体词典，利用 SharpNLP(http://sharpnlp.codeplex.com/)进行文本解析，包括断句、句法分析等，并利用 Stanford NER(http://www-nlp.stanford.edu/ner/)识别句中命名实体，最后综合词典和工具识别出的相关实体。为过滤噪声，本书去掉了仅包含一个字节、数字以及出现次数小于 3 的相关实体。

（3）构建网络：上述两步骤抽取到的所有实体构成了相关实体网络的实体集合 V。如前文所述，图中的边为有向边，若存在一条 e_j 指向 e_i 的有向边则表明 e_j 与曾经出现在 e_i 的描述页面中。形式化地，本书采用如下方式关联两个实体：

$$E=\{<e_i,e_j>\mid \exists d_m \in D \text{ s.t. } e_i=e_{d_m}^t \wedge e_j \in E_{d_m}^r\} \quad (5-1)$$

式中，d_m 为实体 e_i 的描述页面，$E_{d_m}^r$ 为该页面提取的相关实体集合。在信息抽取过程中，以三元组的形式保存抽取结果，即 $<e_i,e_j,n_{ij}>$，其中 e_i 表示被描述实体，e_j 是其相关实体，n_{ij} 表示 e_j 在 e_i 描述页面中出现的总次数，例如 <iron man 3, tony, 4>。本书主要使用维基百科（本书使用的是 2013.5.3 的英文维基百科公开数据集）为主要的数据源，同时考虑了一些面向特定领域的垂直网站。最终本书共计提取了 3.9 MB 的实体以及 77 MB 的实体关联数据。

5.3.2 相关实体网络概况

本书采用节点度数来描述所构建的相关实体网络 REN 的结构特征。经统计，REN 的平均节点度数为 32.2，说明图中节点连接较为紧密。如图 5-4 所示，图中节点的入度和出度均服从幂律分布，其中横轴表示节点度数，纵轴表示 REN 中属于该度数的节点百分比。对于节点出度，幂指数 γ 约为 1.9，小于节点入度的幂指数。这说明 REN 中任意节点的出度要大于其入度。这是合理的，因为对于一个实体，其作为被描述实体出现的次数往往小于其作为相关实体出现的次数。

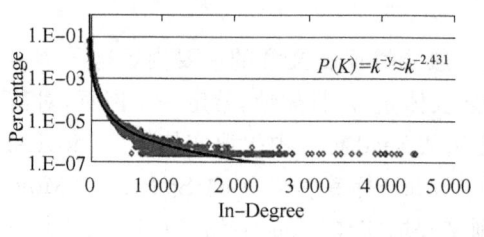
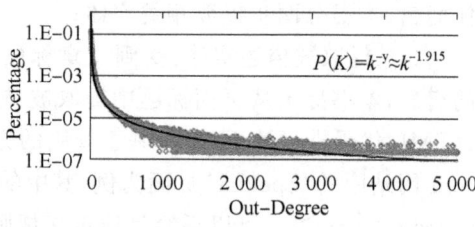

图 5-4 相关实体网络中节点的度分布

图 5-5 所示为相关实体网络 REN 的部分截图，其中边上权值为 tf-idf。对于被描述实体 ipad，其相关实体包括 apple inc.、touchscreen、wireless、tablet、apple store 等。与此同时，ipad 也是 iphone 的相关实体。可以看出，在相关实体网络 REN 中，被描述实体与其相关实体具有很强的关联关系。注意本书并不涉及具体

的关系提取,通过计算这种隐式的关联关系强度,相关实体网络可以服务于多种应用,具体细节将在 5.4 小节给出。

定义图中边的加权函数 $\varphi:E \to R+$ 是构建相关实体网络的一个重要环节。该权值可直接用于实体相关度排序。此外,基于相关实体网络的不同应用也可能有不同的加权需求。本书将在下一小节中介绍几种不同的加权方法。

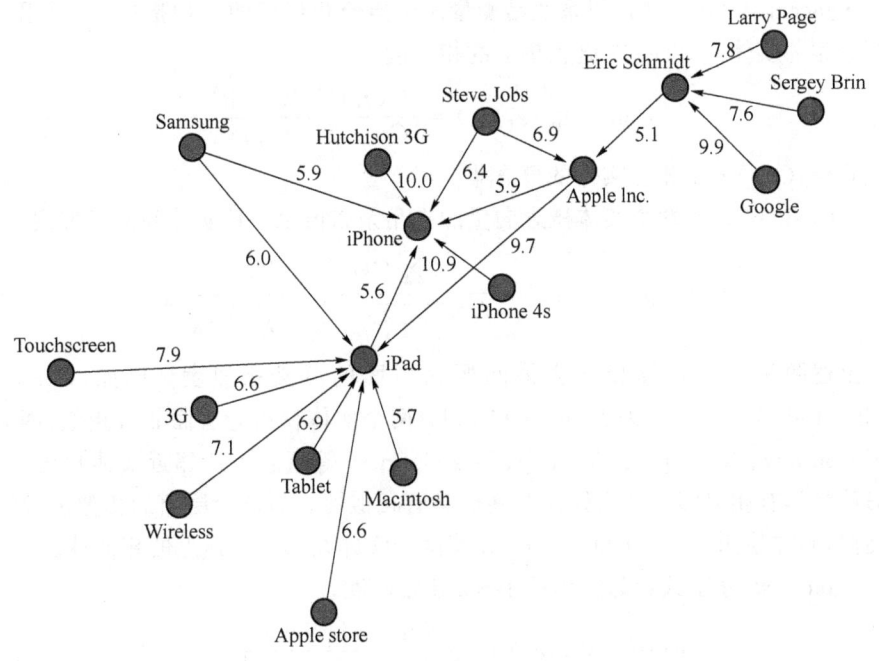

图 5-5　相关实体网络 REN 的部分截图

5.3.3　实体相关度排序

基于所构建的相关实体网络,本书主要从相邻节点的语义相似度和结构特征两方面度量实体相关度。

1. 语义相似度排序

本书基于实体概念和邻近实体计算相邻实体间的语义相似度,进而对相关实体排序。

从实体概念层面考虑,本书认为属于相似概念的实体彼此间具有语义相似性。比如 Apple Inc.和 Google 两个实体语义相关,因为它们同属于 IT 公司。为获取实体概念层面的语义信息,可以通过 Probase 知识库为待测实体赋予一个概念集。据我们所知,Probase 是目前最大的一个通用分类知识库,包含 2.7 MB 的概念(如

USA President)和 40 MB 的实体(如 Barack Obama)。本书以 Probase 包含的所有实体为词典,以查表的方式为待测实体提取概念向量。具体来说,对于给定实体,通过查表获取其所有可能的概念,进而利用概念典型性 typicality[35] 概率对候选概念进行排序,最后凭经验选取前 20 个概念作为该实体的概念向量表示。基于概念向量表示,可以采用如下两种方法计算两个实体之间的语义相似度。

• Jaccard:Jaccard 相似系数是衡量两个集合相似度的一种指标,这里用作衡量两个相邻实体 e_i 和 e_j 在概念集上的相似度。

$$\text{Concept}_{\text{jac}}(e_i, e_j) = \frac{|C(e_i) \cap C(e_j)|}{|C(e_i) \cup C(e_j)|} \tag{5-2}$$

式中,$C(e)$ 表示相应实体的概念集。

• Cosine:计算两个实体概念向量的夹角余弦值来评估实体间的相似度。

$$\text{Concept}_{\text{cos}}(e_i, e_j) = \frac{\sum C(e_i) \times C(e_j)}{\sqrt[2]{\sum C^2(e_i)} \times \sqrt[2]{\sum C^2(e_j)}} \tag{5-3}$$

上述两种方法计算相邻实体间概念层面的语义相似度。比如,$\text{Concept}_{\text{jac}}$(China,India) = 0.99 说明 China 和 India 两个实体在概念层面非常相似,两者同属于 Country、Developing Country、Asia Country 等概念。从邻近实体角度考虑,本书认为具有相似邻居的实体彼此间也具有相似性。与概念层面的相似度计算方法类似,同样使用 Jaccard 和 Cosine 计算两个实体在邻近实体上的相似性。

• Jaccard:基于共近邻实体的 Jaccard 相似度。

$$\text{Entity}_{\text{jac}}(e_i, e_j) = \frac{|\text{Nei}(e_i) \cap \text{Nei}(e_j)|}{|\text{Nei}(e_i) \cup \text{Nei}(e_j)| - 2} \tag{5-4}$$

式中,$\text{Nei}(e)$ 表示实体的邻近实体。

• Cosine:基于邻近实体的余弦相似度。

$$\text{Entity}_{\text{cos}}(e_i, e_j) = \frac{\sum \text{Nei}(e_i) \times \text{Nei}(e_j)}{\sqrt[2]{\sum \text{Nei}^2(e_i)} \times \sqrt[2]{\sum \text{Nei}^2(e_j)}} \tag{5-5}$$

与预期一致,相关实体网络 REN 中的相连实体都比较相关。以 Apple Inc.为例,在 REN 中,通过概念相似度找到的相关实体包括 Microsoft、Samsung、Google 等。可以看出,它们都是著名的 IT 公司。虽然 McDonald's 也是一家著名公司,但它在 REN 中并没有与 Apple Inc.相连,换句话说,当人们谈论 Apple Inc.的时候,很少会提到 McDonald's。

2. 基于图结构的排序

在相关实体网络中,实体的图结构特征比如 PageRank 分值可以反映出该实体的流行度或重要度方面的信息。以 iphone 为例,在 REN 中 Steven Jobs 的 PageRank 分值就高于 Hutchison 3G。越流行/重要的实体用户越可能感兴趣,从这个角度考虑人们认为实体的重要度特征对实体排序有影响。PageRank[36] 和 HITS[37] 是两种著名的链接分析方法,本书主要采用这两种方法对相关实体进行排序。此外,在网络分析中,节点的中心性[38] 反应了网络节点的重要程度。这里也可以参照如下三种中心性度量方法来计算实体的流行度。

- Degree Centrality:我们使用 $\deg(e_i, G_L)$ 表示实体 e_i 在 G_L 的度中心性,

$$C_d(e_i) = \deg(e_i, G_L) = |Nei(e_i)| \tag{5-6}$$

- Closeness Centrality:紧密度中心性度量了给定实体在相关实体网络中与其他实体的接近程度,

$$C_c(e_i) = \frac{n-1}{\sum_{j=1, j \neq i}^{n} g(e_i, e_j)} \tag{5-7}$$

式中,$g(e_i, e_j)$ 表示 e_i 与 e_j 间最短路径的路径长度。

- Betweenness Centrality:介数中心性计算相关实体网络中通过该实体的最短路径条数。

介数中心性高的实体对于建立实体关联很重要,可能提供更多有用信息,

$$C_b(e_i) = \sum_{e_s \neq e_i \neq e_t \in V} \frac{\sigma_{st}(e_i)}{\sigma_{st}} \tag{5-8}$$

式中,σ_{st} 表示通过 e_s 和 e_t 的最短路径条数,$\sigma_{st}(e_i)$ 是其中通过 e_i 的最短路径条数。

◆ 5.4 面向实体查询的推荐 ◆

面向实体查询的相关实体推荐旨在向用户推荐与原查询实体在不同方面或话题下相关的用户感兴趣的不同实体查询,对于引导用户查询意图、启发用户点击兴趣具有重要作用。与传统的查询推荐应用相比,相关实体推荐更强调推荐与原查询在某些话题上相关的新的查询,而不是在原有查询基础上的扩展或补充。例如,给定实体查询 iphone,区别与传统的扩展推荐如 iphone 6 plus 和 iphone 7,相关实体推荐注重推荐与原实体查询相关的实体查询,比如 Galaxy S8 和 ipad。从这个角度看,相关实体推荐有助于引导用户查询意图,激发用户更多的点击兴趣。

给定某一实体查询,相关实体网络为其提供了大量的相关实体信息。本书综合利用各种排序方法,对其相关实体进行排序,取排位靠前的相关实体作为推荐内容。本书基于大规模相关实体网络的实体推荐方法已成功应用于 Bing 图片搜索,并取得了不错的应用效果。据产品组反馈,搜索查询覆盖率(Distinct Search Queries,DSQ)和查询点击率(Click Through Rate,CTR)均得到显著提升。本小节将

通过实验进一步验证所提方法的有效性。本小节首先介绍实验设置,随后从相关实体质量、相关实体排序、实体推荐准确率和新颖性四个方面对所提方法进行评测。

5.4.1 实验数据

这里人工构建了一个数据集来评测相关实体推荐效果。具体地,从相关实体网络中收集了 1 728 对相关实体,其中每一个实体对由一个被描述实体和它的一个相关实体构成。从十个类别中选出了十个具有代表性的实体:China(地理)、Tang Dynasty(历史)、Psychology(社会)、Microsoft(技术)、Dollar(经济)、Chocolate(日常生活)、Gone with the wind(艺术)、Baseball(体育)、Warren Buffett(人物)以及 SUV(汽车)。以这些实体为实体查询,从 REN 中获取其相关实体,进行人工标注。这里雇佣了三个人对 1 728 对相关实体的相关性进行标注。表 5-1 所示为标注准则。注意若对于某一实体对,三个标注者意见不统一,则取中间结果。

表 5-1 实体相关性标注准则

标注得分	标注说明	样例
3	两个实体非常相关	(iPad, iPhone)
2	两个实体间相关	(iPad, Wireless)
1	不确定	(iPad, Sales)
0	两个实体不相关	(iPad, IEEE)

5.4.2 相关实体质量分析

本小节对相关实体网络中的相关实体质量进行评测。相关实体网络的构建主要基于实体之间的描述与被描述关系,这一关系是一种特殊的共现关系。为评测所抽取到的相关实体的质量,这里将其与下面两种基于共现关系的数据集进行对比。

• Wikipedia 实体共现网(WCG):可以使用与构建 REN 相同的英文维基百科备份数据构建了一个基于维基百科的实体共现网。具体地,可以根据实体在维基百科页面中的共现关系构建该网络。给定一个实体,其相关实体是与该实体在维基百科页面中共同出现过的实体。

• Web 实体共现网络(ECG):基于 Web 利用句子级共现关系构建了一个

Web 实体共现网。从 Bing 搜索引擎 1 天的查询日志摘要中随机抽取 1‰ 作为 Web 数据源，以 Freebase 作为字典，通过查表的方式逐句进行实体抽取。其中，给定一个实体，其相关实体为与之在同一个句子中共同出现过的实体。

为了公平对比，可以使用相同的实体查询在两个实体网络中提取相关实体并进行人工标注。本次实验仅关注相关实体质量，由于实体网络规模过大，所以在相关实体排序中使用了两个简单的排序方法：共现频率和 tf-idf。本次实验使用 nDCG 作为评测指标，测试对于给定实体，三个基于不同共现关系的实体网络所给出的相关实体质量。

图 5-6 所示为实验结果。从图中，可以看出在两种排序方法下，源自于 REN 的相关实体均显著优于另外两种实体共现网络。REN 所提供的相关实体就实体相关性而言，平均比维基百科实体共现网高出 9.82 个百分点，更比 Web 实体共现网高出 21.77 个百分点。这说明本书所提出的相关实体获取方法简单有效，相关实体网络 REN 能提供较高质量的相关实体。

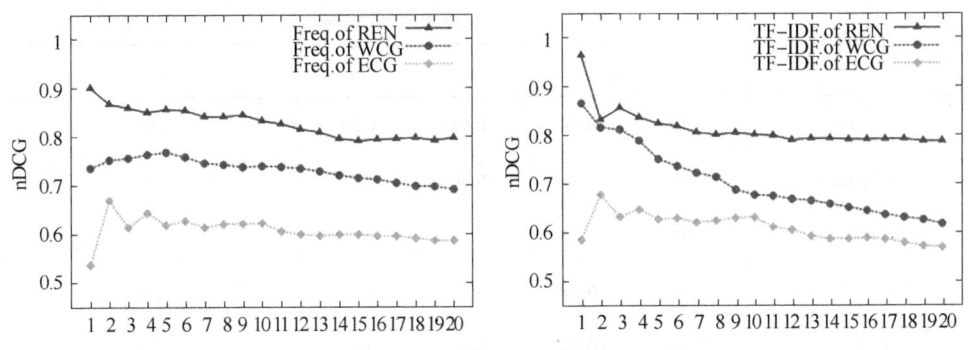

图 5-6 REN 中的相关实体质量分析

另一方面，整体来看 tf-idf 在相关实体排序中并不比共现频率好。在 nDCG@1 中 tf-idf 比共现频率表现地更好，但在 nDCG@4 和 nDCG@13 中则表现稍差。这表明不同的排序方法在实体相关度排序中表现不尽相同。在下一小节对各种排序方法进行评测。

5.4.3 排序方法评测

本小节进一步分析各排序方法在相关实体排序上的表现。

1. 实验设置

本次实验使用 1 728 个标注的实体对作为实验数据。对于每一个实体查询，随机选取 20 个标注结果作为一个测试组，共计 81 组相关实体排序数据。这里将 tf-idf 作为衡量基准。在对比方法中，实现了四种语义相似度排序方法以及 PageRank 和 Hits 两种图结构排序方法。此外,将 Concept$_{jac}$ 和 Entity$_{jac}$ 的加和作为一种综合的 Jaccard 排序方法,记为 Sim$_{jac}$(C+E)。类似地,可以得到综合的 cosine 排序方法,记为 Sim$_{cos}$(C+E)。

2. 测评结果

表 5-2 所示为测评结果,其中各排序方法按 nDCG@20 分值从大到小排位。从此表中,我们可以看到与 tf-idf 相比,基于语义相似度的排序方法能显著提高相关实体排序准确率,平均准确率提升了 5%。引入概念信息有助于实体相关性排序,结合概念信息和共近邻实体能够取得更好的排序效果。综合的 Jaccard 排序方法效果最好,nDCG@20 得分高达 89.8%。此外,两种基于图结构的排序方法在相关实体排序中表现很差。这并不奇怪,因为基于链接分析的排序方法仅依赖实体流行度信息,对相似度排序效用不大。

表 5-2 各相关实体排序方法的测评结果

排序方法	准确率(nDCG@k)				
	1	5	10	15	20
Sim	**1.00**	**0.94**	**0.95**	**0.90**	**0.89**
Concept$_{jac}$	0.93	0.92	0.90	0.88	0.87
Entity$_{jac}$	1.00	0.88	0.89	0.89	0.86
Sim$_{cos}$(C+E)	0.93	0.88	0.87	0.85	0.85
Entity$_{cos}$	0.76	0.87	0.87	0.85	0.84
Concept$_{cos}$	0.91	0.86	0.86	0.85	0.84
TF-IDF	0.96	0.82	0.80	0.79	0.78
Hits	0.50	0.53	0.52	0.54	0.55
PageRank	0.50	0.47	0.51	0.53	0.54

3. 样例分析

基于上述实验结果,通过具体样例进一步分析各排序方法在相关实体排序上的效果。以实体"China"为例,我们分别使用 Concept$_{jac}$、Entity$_{jac}$ 和 PageRank 对其相关实体进行排序。表 5-3 所示为三种排序方法的前 10 个排序结果。首先,可以看出 Concept$_{jac}$ 排序靠前的相关实体均与目标实体具有共成员关系(co-membership)。

表 5-3　实体 China 的相关实体排序结果

Concept$_{jac}$		Entity$_{jac}$		PageRank	
Retrieval	Relation	Retrieval	Relation	Retrieval	Relation
india	co-member	outline of china	attribute-of	soviet union	co-member
russia	co-member	shanghai	part-of	new york times	reported by
brazil	co-member	qing dynasty	history-of	cold war	involved in
vietnam	co-member	wuhan university	located in	los angeles times	reported by
south korea	co-member	chongqing	part-of	yangtze river	located in

共成员关系是一种具体的实体关系,表示两个实体属于同一类别或概念。例如,在 China 和 India 之间存在共成员关系,因为两者均属于国家。由此可知,利用实体的概念信息,给定目标实体,可以从 REN 中挖掘出与其同类的相关实体,这些同类实体可直接用于相关实体推荐。其次,尽管在相关实体排序准确率上面 Entity$_{jac}$ 和 PageRank 不如 Concept$_{jac}$,通过两者排序得到的相关实体在实体关系上更加多样化。例如,通过 Entity$_{jac}$ 排序可以得到除国家以外的 shanghai 和 qing dynasty 等与 China 具有多种关系的相关实体。此外,通过 PageRank 排序得到相关实体更具知名度,比如 new york times,虽然与 China 相关性不强,但却具有较高的影响力。

通过上述分析,可以看出单纯从相关性方面很难评价某一排序方法的好坏。一个更好的方式是综合使用多种排序方法以满足不同应用的需求。

5.4.4　相关实体排序准确率

本书结合多种排序方法进行相关实体推荐。具体地,将每一种排序方法的计算结果作为一维特征,采用排序学习(learning to rank)的方法对相关实体进行综合排序。这里使用 Ranking SVM[39] 作为学习模型,使用了七维特征,包括四种语义相似度以及 degree、PageRank 和 Hits 三种基于图结构的排序得分。随机将标注数据以 3∶1 的比例分为训练集和测试集,采用 4 层交叉验证对排序结果进行测评。这里将这一综合的排序方法与当前在实体相似度计算上表现很好的 ESA[40] 算法进行比较。实验结果如图 5-7 所示。

图 5-7 所示为基于 REN 的相关实体综合排序方法可以取得不错的排序准确率。其表现优于 ESA,各排位上的平均 nDCG 值提升了 5.2%。这说明结合不同排序方法对于实体相似度排序有效。通过进一步观察综合排序方法与 ESA 排序方法得到的排序结果,如表 5-4 所示,可以发现基于 REN 的综合排序方法不仅能提供与目标实体高度相关的实体推荐,而且该方法所推荐的相关实体更加多样化。

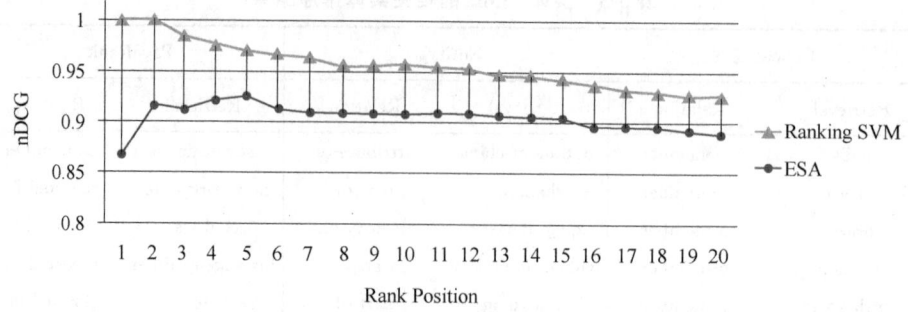

图 5-7　相关实体综合排序准确率对比

例如给定 Microsoft，该方法能推荐出 Novell、Sony、Microsoft Office 2010 等相关实体。相比之下，虽然 ESA 给出的排序在内容上与 Microsoft 非常相关，但作为推荐来说，则过于单调，不利于用户体验。

表 5-4　综合排序结果样例

实体查询	Ranking SVM	ESA
Microsoft	google novell sony Microsoft Office 2010 nokia	Microsoft Publisher Microsoft Office Microsoft Project Microsoft Infopath Microsoft Office 2007
China	india russia japan brazil	chinas history of china han dynasty peking man
suv	jeep sedan station wagon land rover lexus lx	off-road vehicle recreational vehicle general motors american motors recreational vehicle

5.4.5　相关实体推荐新颖性

本小节从推荐新颖性方面对基于相关实体网络 REN 的实体推荐效果进行评测。新颖性(Serendipity)考虑推荐内容的新奇性，即是否能令用户感到惊喜或启发用户更多的点击兴趣，是衡量推荐效果的一个重要指标。文献[41]综合考虑了推荐内容的意外性和相关性，给出了这一指标的计算方法，如公式(5-9)所示：

第 5 章 基于大规模实体网络的相关实体查询推荐

$$\mathrm{SRDP(RS)} = \frac{\sum_{i \text{in UNEXP}} \mathrm{rel}(i)}{|\mathrm{UNEXP}|} \tag{5-9}$$

式中,RS 是某一待测推荐系统生成的推荐列表,UNEXP 表示 RS 中没有在参照推荐列表出现过的推荐内容,函数 rel(i)用于评测某项推荐内容的相关性。

本次实验选择当前具有业界水平的两个推荐系统作为对比推荐方法:Bing 图片搜索和 Yahoo! 图片搜索。将目标实体作为查询词,分别提交到两个搜索引擎中进行查询,选择排位靠前的 5 个推荐查询作为参照推荐列表并进行人工标注。对于 REN 推荐内容,可以使用上一小节训练的综合排序方法来为给定实体查询生成推荐内容。本次实验中,分别使用 ESA 和人工标注计算推荐查询与原查询之间的相关性。

如公式(5-9)所示,计算推荐新颖性需要有一个参照推荐列表。本次实验分别使用 Bing 图片搜索和 Yahoo! 图片搜索的推荐内容作为参照列表。换言之,当 REN 与 Bing 图片搜索作对比时,可以使用 Yahoo! 图片搜索的推荐内容作为参照,当 REN 与 Yahoo! 图片搜索作对比时,使用 Bing 图片搜索的推荐内容作为参照。表 5-5 所示为相关实体推荐新颖性测评结果。

表 5-5 相关实体推荐新颖性测评结果

参照推荐列表	推荐来源	人工标注	ESA
Yahoo!	REN	0.83	0.27
	Bing	0.76	0.26
Bing	REN	0.84	0.28
	Yahoo!	0.73	0.12

表 5-5 中第一行的第一个数字为 0.83,是基于 REN 的相关实体推荐内容的新颖性得分。这一数字表明通过人工测评推荐查询相关性,REN 能够给出 Yahoo! 图片搜索推荐中未见的与原有查询非常相关的推荐内容。由此可以从表 5-5 看出,在人工标注和 ESA 两种相似性度量方法下,基于 REN 的相关实体推荐在查询推荐新颖性方面均优于 Bing 图片搜索和 Yahoo! 图片搜索。这说明基于相关实体网络 REN 的相关实体推荐有能力引起用户更多的点击兴趣,因而可以应用于相关实体推荐。注意基于 ESA 相似性度量方法所计算的新颖性得分普遍低于人工标注的新颖性得分,因为 ESA 给出的相似性得分与人工标注相比普遍偏低,这并不影响新颖性对比测评。

本章小结

本章提出了一种基于大规模相关实体网络的实体推荐方法。相关实体推荐旨在向用户推荐与原查询在不同方面或话题下相关的用户感兴趣的不同实体,对于引导用户查询意图、启发用户点击兴趣具有重要作用。传统的查询推荐方法大多基于查询日志中的历史查询和点击信息进行查询推荐,但对于仅包含一个实体的实体查询来说,从搜索引擎查询日志中获取查询相关实体变得十分困难。本章提出了一种基于大规模相关实体网络的实体推荐方法。本章首先从海量实体描述页面中提取丰富的相关实体,利用实体与实体之间的描述关系构建了一个大规模的相关实体网络。基于相关实体网络,本章采用多种排序技术对相关实体进行排序,从而服务于相关实体推荐。实验结果表明所提方法在推荐准率和新颖性两方面表现很好。

本章参考文献

[1] Wen J R, Nie J Y, Zhang H J. Clustering user queries of a search engine[A]. International Conference on World Wide Web[C], 2001: 162-168.

[2] Cao H, Jiang D, Pei J, et al. Context-aware query suggestion by mining click-through and session data[A]. ACM SIGKDD[C], 2008: 875-883.

[3] Beeferman D, Berger A. Agglomerative clustering of a search engine query log[A]. ACM SIGKDD[C], 2000: 407-416.

[4] Baeza-Yates R, Hurtado C, Mendoza M. Query recommendation using query logs in search engines[A]. EDBT[C]. Springer, 2005: 588-596.

[5] Xu J, Croft W B. Query expansion using local and global document analysis[A]. SIGIR[C], 1996: 4-11.

[6] Huang C K, Chien L F, Oyang Y J. Relevant term suggestion in interactive web search based on contextual information in query session logs[J]. Journal of the Association for Information Science and Technology, 2003, 54(7): 638C649.

[7] Jones R, Rey B, Madani O, et al. Generating query substitutions[A]. WWW[C], 2006: 387-396.

- [8] Vargas S, Castells P. Rank and relevance in novelty and diversity metrics for recommender systems[A]. RecSys[C]. ACM, 2011: 109-116.
- [9] Nie Z, Wen J R, Ma W Y. Object-level Vertical Search[A]. CIDR[C], 2007: 235-246.
- [10] Lee S, Song S i, Kahng M, et al. Random walk based entity ranking on graph for multidimensional recommendation[A]. RecSys[C]. ACM, 2011: 93-100.
- [11] Banko M, Cafarella M J, Soderland S, et al. Open Information Extraction from the Web[A]. IJCAI[C], 2007: 2670-2676.
- [12] Shinyama Y, Sekine S. Preemptive information extraction using unrestricted relation discovery[A]. HLT[C]. ACL, 2006: 304-311.
- [13] Banko M, Etzioni O, Center T. The trade-offs between open and traditional relation extraction[J]. ACL-HLT, 2008: 28-36.
- [14] Fader A, Soderland S, Etzioni O. Identifying relations for open information extraction[A]. EMNLP[C], 2011.
- [15] Lin Y, Liu Z, Sun M, et al. Learning Entity and Relation Embeddings for Knowledge Graph Completion[A]. AAAI[C], 2015: 2181-2187.
- [16] Mintz M, Bills S, Snow R, et al. Distant supervision for relation extraction without labeled data[A]. ACL-AFNLP[C]. ACL, 2009: 1003-1011.
- [17] Byrd R, Ravin Y. Identifying and extracting relations in text[A]. NLDB[C], 1999.
- [18] Radinsky K, Agichtein E, Gabrilovich E, et al. A word at a time: Computing word relatedness using temporal semantic analysis[A]. WWW[C], 2011.
- [19] Zaragoza H, Rode H, Mika P, et al. Ranking very many typed entities on wikipedia[A]. CIKM[C]. ACM, 2007: 1015-1018.
- [20] Vercoustre A M, Thom J A, Pehcevski J. Entity ranking in Wikipedia[A]. SAC[C]. ACM, 2008: 1101-1106.
- [21] Schuhmacher M, Dietz L, Paolo Ponzetto S. Ranking Entities for Web Queries Through Text and Knowledge[A]. CIKM[C]. ACM, 2015: 1461-1470.
- [22] Bordino I, Mejova Y, Lalmas M. Penguins in sweaters, or serendipitous entity search on usergenerated content[A]. CIKM[C]. ACM, 2013: 109-118.
- [23] Wang F, Wang Z, Li Z, et al. Concept-based short text classification and ranking[A]. CIKM[C]. ACM, 2014: 1069-1078.
- [24] Sejal D, Shailesh K, Tejaswi V, et al. Query Click and Text Similarity

Graph for Query Suggestions[M]. Machine Learning and Data Mining in Pattern Recognition. Springer, 2015: 328-341.

[25] Zhang Z, Nasraoui O. Mining search engine query logs for query recommendation[A]. WWW[C], 2006: 1039-1040.

[26] He Q, Jiang D, Liao Z, et al. Web query recommendation via sequential query prediction[A]. ICDE[C]. IEEE, 2009: 1443-1454.

[27] Boldi P, Bonchi F, Castillo C, et al. The query-flflow graph: model and applications[A]. CIKM[C]. ACM, 2008: 609-618.

[28] Szpektor I, Gionis A, Maarek Y. Improving recommendation for long-tail queries via templates[A]. WWW[C]. ACM, 2011: 47-56.

[29] Vahabi H, Ackerman M, Loker D, et al. Orthogonal query recommendation[A]. RecSys[C]. ACM, 2013: 33-40.

[30] Mitsui M. Query recommendation as query generation[A]. Proceedings of the 6th Symposium on Future Directions in Information Access[C]. British Computer Society, 2015: 67-70.

[31] Liu L, Pu C, Han W. XWRAP: An XML-enabled wrapper construction system for web information sources[A]. Data Engineering, 2000 Proceedings 16th International Conference on[C]. IEEE, 2000: 611-621.

[32] Anton T. XPath-wrapper induction by generalizing tree traversal patterns [A]. LWA[C], 2005: 126-133.

[33] Dalvi N, Bohannon P, Sha F. Robust web extraction: an approach based on a probabilistic tree-edit model[A]. SIGMOD[C]. ACM, 2009: 335-348.

[34] Dalvi N, Kumar R, Soliman M. Automatic wrappers for large scale web extraction[J]. VLDB, 2011, 4(4):219-230.

[35] Wu W, Li H, Wang H, et al. Probase: A probabilistic taxonomy for text understanding[A]. SIGMOD[C]. ACM, 2012: 481-492.

[36] Brin S, Page L. The anatomy of a large-scale hypertextual Web search engine[J]. Computer networks and ISDN systems, 1998, 30(1):107-117.

[37] Kleinberg J M. Authoritative sources in a hyperlinked environment[J]. Journal of the ACM, 1999, 46(5):604-632.

[38] Agarwal N, Huan L. Modeling and data mining in blogosphere[J]. Synthesis lectures on data mining and knowledge discovery, 2009, 1(1): 1-109.

[39] Joachims T. Training linear SVMs in linear time[A]. KDD[C]. ACM, 2006: 217-226.

[40] Gabrilovich E, Markovitch S. Computing semantic relatedness using wikipedia-based explicit semantic analysis[A]. IJCIA[C], 2007. 12.

[41] Ge M, Delgado-Battenfeld C, Jannach D. Beyond accuracy: evaluating recommender systems by coverage and serendipity[A]. RecSys[C]. ACM, 2010: 257-260.